Das neue 1x1 des DAMPFGARENS

Susanne Kuttnig-Urbanz
Friedrich Pinteritsch

Das neue 1x1 des DAMPFGARENS

Schnell · Frisch · Schlank

Fotografiert von Gabriela & Günter Jost

pichler verlag

IMPRESSUM

ISBN: 978-3-85431-618-3

© 2012 by *Pichler Verlag* in der
Verlagsgruppe Styria GmbH & Co KG
Wien - Graz - Klagenfurt

Lektorat: Nicole Richter
Cover- und Buchgestaltung: 2 LIONS DESIGN [Carolina Santana]
Druck und Bindung: Druckerei Theiss GmbH, St. Stefan im Lavanttal

7 6 5 4 3

Printed in Austria

Inhalt

Vorwort der Autoren

Die modernste aller Zubereitungsarten, das Dampfgaren, gewinnt immer mehr an Attraktivität. Ist man als Besitzer eines Dampfgarers erst an seine Vorzüge gewöhnt, kann man sich den täglichen Einsatz des Geräts nicht mehr wegdenken. Als Kenner werden Sie wissen, was gemeint ist: Nichts wird im Wasser ertränkt und keine Vitamine und andere wertvolle Inhaltsstoffe werden ausgeschwemmt. Alles bleibt so natürlich wie möglich erhalten. Und diese **nährstoffschonende Zubereitung** ist längst nicht mehr der gehobeneren Gastronomie vorbehalten.

Die Innovation geht aber auch beim Dampfgaren steten Schrittes voran, weshalb dieses Buch nicht nur Anleitungen zum Kochen mit dem Dampfgarer, sondern erstmals mit dem **Kombi-Dampfgarer** enthält. Was ist nun der Unterschied? Leicht erklärt: Dampfgarer arbeiten mit Wasserdampf und garen die Speisen mit einem Temperaturwert von bis zu 100° C. Kombi-Dampfgarer können das genauso, haben aber zusätzlich die Möglichkeit, Heißluft zu erzeugen. Bei Kombi-Dampfgarern kann man also die Funktionen getrennt oder in Kombination betreiben. Beide Gerätearten haben in jedem Fall den besonderen Vorzug, herrlich saftige Speisen herstellen zu können.

Mit den richtigen Methoden und Rezepten überhaupt ein Kinderspiel, wie Sie in dieser neuen Sammlung innovativer Ideen sehen werden. Unabhängig davon, **mit welchem Gerät** Sie arbeiten, liegen Sie bei unseren Zeitangaben mit einer Schwankungsbreite von +/- 1 –2 Minuten goldrichtig. Berücksichtigen Sie lediglich, dass Tischgeräte mitunter mehr Zeit zur Fertigstellung benötigen.

Nebenbei gesagt: Wie auch jedes Backrohr unterschiedlicher Marken unterschiedliche Leistung bringt und Sie daher Ihre Speisen nicht einfach ihrem Schicksal überlassen, behalten Sie auch Ihr Dampfgargerät im Auge und werfen ab und zu einen prüfenden Blick in den Garraum. Allerdings – ein zu langes Dämpfen im Dampfgarer bzw. Kombi-Dampfgarer kann dem Gargut nie schaden! Fest steht, Sie werden bei regelmäßiger Verwendung des Geräts Ihr eigenes Zeitgefühl dafür entwickeln.

Auch zum **Zudecken** im Dampfgarer bzw. Kombi-Dampfgarer noch ein Wort: Speisen müssen prinzipiell nie zugedeckt werden. Es ist nur Wasserdampf, der für das Garen verantwortlich ist, es kann also nichts zerstört werden. Unsererseits gibt es in den Rezepten dort und da die Empfehlung, das Gargut mit Frischhaltefolie zu bedecken. Dies aber nur dann, wenn gewisse Zutaten (etwa Kochschokolade) nicht nass werden sollten.

„Das neue 1 x 1 des Dampfgarens" beschreibt verstärkt die optimale Nutzung Ihres Dampfgarers bzw. Kombi-Dampfgarers. Gute Vorbereitung bedeutet deutlich weniger Zeitaufwand, um Ihren Liebsten ein schmackhaftes Gericht zu kredenzen. Wir zeigen Ihnen in diesem Buch, wie schnell und frisch Sie Kreatives auf den Tisch zaubern können. Erstmalig finden Sie ein vermehrtes Einsetzen heimischer **Kräuter** im Buch. Es handelt sich um eine perfekte Paarung: Dampfgarer bzw. Kombi-Dampfgarer plus Kräuter. Eine neue Erfahrung nicht nur für Ihren Gaumen, sondern für alle Sinne!

Wir wünschen Ihnen viel Genuss!

Susanne Kuttnig-Urbanz
Friedrich Pinteritsch

Unsere Geräteempfehlung
Siemens iQ 700 Dampfbackofen

Gut zu wissen

Verwendete Abkürzungen

DG = Dampfgarer
Kombi-DG = Kombi-Dampfgarer

cl = Centiliter
EL = Esslöffel
g = Gramm
l = Liter
ml = Milliliter
Msp. = Messerspitze
Pkg. = Packung
Stk. = Stück
TK = Tiefkühlware
TL = Teelöffel

Verwendete Küchenbegriffe

Dariolform = kleine konische Auflaufform
Eierschwammerl = Pfifferlinge
Faschiertes = Hackfleisch
– Faschierte Laibchen = Frikadellen
Kohlrabi = Kohlrübe
Polenta = Maisgrieß, Maisgrießbrei
Sauerrahm = saure Sahne
Schlagobers = Schlagsahne
Schlögel = Keule
Schnittsalat = auch: Pflück- oder Zupfsalat
Semmelbrösel = Paniermehl
Semmelwürfel = Knödelbrot, klein geschnittenes Weißgebäck oder –brot
Souffléform = kleine zylindrische Auflaufform aus Porzellan
Staubzucker = Puderzucker
Timbale = kleine pastetenähnliche Aufläufe, Auflauf- und Pastetenform
Topfen = Quark
Vogerlsalat = Feldsalat

Unsere Empfehlungen

- Wir verwenden bei unseren Rezepten ausschließlich Meersalz.
- Bei Pfeffer meinen wir frisch gemahlenen aus der Mühle.
- Als Öle verwenden wir kalt gepresste Öle, etwa Hanföl, Leinöl, Walnussöl oder Olivenöl.
- Bei den angeführten Kräutern wurden bewusst die Mengenangaben weggelassen. Das persönliche Geschmacksempfinden ist individuell unterschiedlich und verlangt daher unterschiedliche Intensität. Lassen Sie sich von Ihrem Fingerspitzengefühl leiten.

Die Rezeptzutaten sind **für 4 Personen** berechnet (außer wenn anders angegeben).

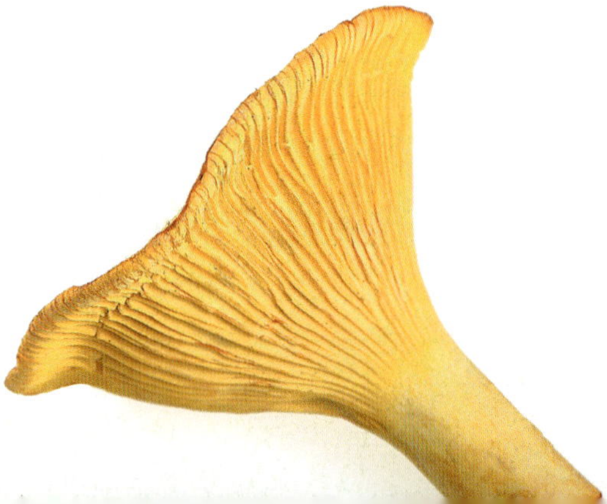

Ruck-Zuck-Küche

RUCKZUCKKÜCHE

Gewusst wie ist schon halb gekocht! Wenn es super-schnell gehen muss, dann heißt es oft, kreativ zu sein. Aus den Zutaten, die in Kühlschrank oder Vorratsschrank vorhanden sind, wird im Handumdrehen ein schmackhaftes Gericht gezaubert. Und mit diesen neuen Rezepten wird Spontanes schlau aufgepeppt! Dampfgarer und Kombi-Dampfgarer sind hier eine optimale Unterstützung und ideal für rasches und nahrhaftes Kochen. Probieren Sie es aus!

Tortillas

Tortillagerichte zählen mit Sicherheit zu den Lieblingen der jungen, modernen Küche. Kein Wunder, denn sie sind optimal, was Spontaneität und Kreativität anbelangt. Der Phantasie sind hierbei kaum Grenzen gesetzt. Wenn es besonders schnell gehen soll, können Sie auf fertige Tortillas zurückgreifen. Natürlich sind die mexikanisch inspirierten Teigfladen aber selbst zubereitet am besten – der Teig ist rasch gemacht und schmeckt köstlich. Die Tortillas lassen sich auch auf Vorrat zubereiten und tiefkühlen, am besten flach aufgelegt und mit Backpapier dazwischen. Ebenso kann man sie vakuumieren. Bei Bedarf dann nach Belieben (siehe auch die nachfolgenden Rezeptvorschläge) fertigstellen.

Mais-Tortillas

180 g Weizenmehl
100 g Maismehl (fein)
200 ml Wasser, lauwarm

Dinkel-Tortillas

250 g Vollkorn-Dinkelmehl
1 TL Salz
1 TL Backpulver
3 EL Butterschmalz, flüssig oder Olivenöl
100 ml Wasser, lauwarm

Die Zutaten miteinander vermischen und das Wasser langsam zugießen. Daraus mit der Hand einen weichen Teig kneten, mit Frischhaltefolie zugedeckt 60 Minuten rasten lassen.

Danach aus dem Teig 12 Kugeln abstechen und zu runden Fladen formen – entweder mithilfe einer Tortilla-Presse oder indem man jede Teigkugel auf einer bemehlten Arbeitsfläche mit Frischhaltefolie bedeckt rund auswalkt.

Die Tortillas in einer beschichteten, heißen Pfanne ohne Zugabe von Fett rasch, das heißt 1 Minute pro Seite, ausbacken.

Für die Füllung der Tortillas, die sich gerollt Wraps nennen, sind keinerlei Grenzen gesetzt: Was schmeckt, zählt.

Servieren Sie zu den Wraps immer einen Dip. Die gefüllten Teigfladen werden dadurch aromatischer und bekommen eine saftigere Note.

Dipvorschläge finden Sie im Kapitel „Schnell, frisch, schlank: Salate, Marinaden und Dips" ab Seite 37.

Tipp

• Bei der Zugabe von Wasser spielt die Beschaffenheit des Mehls eine große Rolle, es kann also ohne Weiteres mehr oder weniger sein. Daher das Wasser immer vorsichtig zugießen.

• Je länger ein Teig aus Vollkornmehl rasten kann, umso homogener wird er.

Thunfischwrap mit Joghurtsalsa

4 Tortillas
1 Dose Thunfisch (natur)
2 Äpfel
½ TL Zitronensaft
2 Tomaten
½ Zwiebel
100 g Joghurt
50 g Frischkäse
Salz, Pfeffer
1 Bogen Pergamentpapier (oder Backpapier)

Den DG bzw. Kombi-DG auf 100° C vorheizen.

Für die Joghurtsalsa Äpfel entkernen, in kleine Würfel schneiden und sofort mit dem Zitronensaft marinieren.

Danach die Tomaten auf der Oberseite kreuzweise einritzen, auf ein gelochtes Garblech legen und im DG bzw. Kombi-DG 2 Minuten blanchieren, kalt abspülen und die Haut abziehen. Aushöhlen und das Fruchtfleisch in kleine Würfel schneiden. Die Zwiebel abziehen und ebenso klein würfeln.

Alles mit dem Joghurt und dem Frischkäse vermengen sowie mit Salz und Pfeffer würzen.

Den Thunfisch abtropfen lassen und in kleine Stücke zerteilen.

Die Tortillas auflegen, die Joghurtsalsa auftragen und die Thunfischstücke darüber verteilen. Nun den Rand links und rechts einschlagen und die Tortilla straff aufrollen.

Wrap schräg halbieren und in ein Pergamentpapier (oder Backpapier) oder eine feste Serviette einrollen.

Hühnchenwrap mit Rucola und Tomatensalsa

4 Tortillas
2 Hühnerfilets
1 EL Olivenöl
100 g Rucola
Salz, Pfeffer, Rosenpaprika

Salsa

3 Tomaten
1 roter Paprika
1 Chili
1 Zwiebel, fein gehackt
2 EL Olivenöl
Salz, Oregano
2 EL Essig
ca. 1 EL Zucker
1 Bogen Pergamentpapier (oder Backpapier)

Den DG bzw. Kombi-DG auf 100° C vorheizen.

Für die gekochte Tomatensalsa die Tomaten auf der Oberseite kreuzweise einritzen, auf ein gelochtes Garblech legen und im DG bzw. Kombi-DG 2 Minuten blanchieren, kalt abspülen und die Haut abziehen. Aushöhlen und das Fruchtfleisch in kleine Würfel schneiden.

Die Paprika entkernen und ebenfalls in kleinen Würfel schneiden.
Den Chili fein hacken, die Kerne zuvor entfernen, wenn es nicht zu scharf sein soll.

Das Öl erhitzen und die Zwiebel kurz anschwitzen. Tomaten- und Paprikawürfel dazugeben, kurz schwenken, und mit Chili, Essig, Salz, Oregano und Zucker abschmecken.

Alles 5 Minuten köcheln und gleich verwenden oder heiß in sterilisierte Gläser abfüllen und sofort verschließen. (Siehe auch Hinweise zum Haltbarmachen im Kapitel „Mehr Zeit zum Kochen" ab Seite 93.)

Die Hühnerfilets waschen und trocknen. Salz, Pfeffer und Rosenpaprika mit dem Öl vermischen und das Fleisch damit bestreichen.

DG: Bei 100° C 18 Minuten dämpfen.

Kombi-DG: Bei 100° C 5 Minuten dämpfen, danach bei 160° C Kombidampf 8 Minuten fertig braten.

Anschließend auskühlen lassen und das gegarte Fleisch in kleine Würfel schneiden.

Die Tortillas auflegen, mit der Tomatensalsa nicht zu dick bestreichen und den gewaschenen Rucola über die Salsa verteilen. Nun einen Teil der Hühnerwürfel darauflegen, die Tortilla seitwärts einschlagen und straff einrollen.

Die fertigen Wraps schräg halbieren und in ein Pergamentpapier (oder Backpapier) oder eine feste Servietten einrollen.

Die übrige Tomatensalsa als Dip dazureichen.

Schafskäsewrap mit Sauerkraut

4 Tortillas
400 g Schafskäse
400 g Sauerkraut
100 g Radicchio
50 g Sauerrahm
1 EL Hanföl
1 TL Olivenöl
1 Bogen Pergamentpapier (oder Backpapier)

Den DG bzw. Kombi-DG auf 100° C vorheizen.

Ein ungelochtes Garblech mit Olivenöl ausstreichen. Den Schafskäse in 8 Streifen schneiden, auf das Garblech legen und bei 100° C 6 Minuten dämpfen.

In der Zwischenzeit das Sauerkraut kurz mit kaltem Wasser abbrausen, ausdrücken, in ca. 10 cm lange Streifen schneiden. Danach mit dem Hanföl und dem Sauerrahm vermengen.

Die Tortillas auflegen, den Radicchio in grobe Streifen schneiden und aufstreuen. Mit dem Sauerkraut und je 2 Schafskäsestreifen belegen. Nun jede Tortilla seitlich einschlagen und straff einrollen.

Zum Servieren die Wraps schräg halbieren und in Pergamentpapier oder ein feste Serviette einrollen.

Neue Basics

Langeweile in der Küche ade! Mit diesen neuen Basics bringen Sie frischen Schwung in Ihr spontanes Kochen. Hier finden Sie spezielle Rezepte, für deren Zubereitung Sie nicht länger als 20 Minuten brauchen. Ideal ist beispielsweise ein rasch zubereitetes „Grundgericht", das Sie mit viel Liebe und unseren Vorschlägen abwandeln können.

Zucchinireis

Zucchinireis ist ein wahres Multitalent, passt er doch als Ergänzung zu Tofu, Fleisch oder Fisch. Hier einige Zubereitungsmöglichkeiten, die auch im Sinne der Resteverwertung perfekt sind. Gleichzeitig kann aber der Zucchinireis selbst wiederum durch Gemüse, Getreide, Kartoffeln oder Nudeln ersetzt werden.

... mit Parmesan

100 g Basmatireis
300 ml heiße Gemüsebrühe (oder Wasser)
1 Zucchini
Grana (oder Parmesan), frisch gerieben
1 Knoblauchzehe, zerdrückt
Salz, Oregano

Den DG bzw. Kombi-DG auf 100° C vorheizen.

Den Reis und die heiße Gemüsebrühe in einen ungelochten Garbehälter geben und mit Salz und Knoblauch würzen. Bei 100° C 20 Minuten dämpfen.

In der Zwischenzeit die Zucchini waschen, in feine Streifen schneiden oder grob raspeln.

Zucchinistreifen mit dem heißen Reis vermengen, mit Oregano würzen und mit frisch geriebenem Grana bestreuen.

Tipp

Für ein vegetarisches Gericht Tofu oder Räuchertofu in Würfel schneiden und mit dem Reis mitdämpfen.

... mit Huhn oder Pute

1 Hühner- oder Putenbrust, in dünne Streifen geschnitten
1 EL Olivenöl
Salz, Pfeffer, Rosenpaprika

Die Gewürze mit dem Öl vermischen und die Fleischstreifen damit marinieren.

In einen ungelochten Garbehälter geben und während der letzten 6 Minuten zum Reis in den DG bzw. Kombi-DG geben.

Fertigstellung wie oben beschrieben. Dann gemeinsam anrichten.

... mit Schweinefilet

1 Schweinefilet im Ganzen
1 EL Olivenöl
Grana (Parmesan), frisch gerieben
Salz, Pfeffer
1 Knoblauchzehe, zerdrückt
Petersilie, fein gehackt
Majoran und Thymian

Das Olivenöl mit Grana, Salz, Pfeffer, Knoblauch, Petersilie, Majoran und Thymian vermengen und das Schweinefilet damit bestreichen.

Gemeinsam mit dem Reis in einen ungelochten Garbehälter geben und alles wie oben beschrieben garen.

Den Reis wie oben beschrieben fertigstellen und mit dem in Scheiben geschnittenen Schweinefilet anrichten.

... mit Rindersteak

4 Rumpsteaks oder Huftsteaks
1 EL Olivenöl
1 TL Senf (mittelscharf)
Salz, Pfeffer
1 Knoblauchzehe, zerdrückt
Petersilie, fein gehackt
Basilikum, Rosmarin

Das Olivenöl mit den Gewürzen und Kräutern vermengen und das Steak damit bestreichen.

In einen ungelochten Garbehälter geben und bei 100° C während der letzten 6–8 Minuten (je nach gewünschtem Fleisch-Garungsgrad) zum Reis in den DG bzw. Kombi-DG geben.

Den Zucchinireis wie oben beschrieben fertigstellen. Danach gemeinsam mit dem Rumpsteak anrichten.

... mit Fischfilet

4 Fischfilets (z. B. Zander, Rotbarbe, Scholle, Lachs)
1 EL Olivenöl
1 Limette (Saft)
Salz, Pfeffer
1 Knoblauchzehe
Petersilie, fein gehackt

Das Olivenöl mit dem Limettensaft, Salz, Pfeffer, Knoblauch, Petersilie und Basilikum vermengen und das Fischfilet damit bestreichen.

In einen ungelochten Garbehälter geben und bei 100° C während der letzten 6 Minuten mit dem Reis im DG bzw. Kombi-DG garen. (Achtung: Die Garungszeit bei Fischen ist unterschiedlich, Scholle z. B. benötigt nur 3 Minuten, Zander hingegen 6 Minuten.)

Fertigstellung wie oben. Danach gemeinsam anrichten.

Hirse

Dass Schönheit von innen kommt, wissen Hirsefreunde längst. Dafür verantwortlich ist Silizium in Form von Kieselsäure, das in ausreichender Menge in der Hirse steckt. Ob Haut, Haare oder Fingernägel, Hirse macht sie noch schöner! Außerdem ist Hirse basisch und glutenfrei und der Eisenanteil in der Hirse sorgt für eine gute Sauerstoffversorgung im Körper. Sollten Sie nicht schon ein Fan der kleinen Getreidekügelchen sein – spätestens jetzt werden Sie es!

Hirsegemüse vom Blech

300 ml heiße Gemüsebrühe (oder Wasser)
150 g Goldhirse
150 g Zucchini
150 g Paprika rot
150 g Paprika grün
50 g Zuckererbsenschoten
50 ml Schlagobers
10 g gekörnte Gemüsebrühe
1 EL Butter
Salz, Curry
Petersilie, fein gehackt

Den DG bzw. Kombi-DG auf 100° C vorheizen.

Die Zucchini der Länge nach vierteln und in Scheiben schneiden. Die Paprika entkernen und in kleine Würfel schneiden.

Die Goldhirse erst heiß und dann kalt abschwemmen.

Alles gemeinsam mit der Butter in einen ungelochten Garbehälter geben, mit Salz, der gekörnten Gemüsebrühe und etwas Curry würzen. Mit der heißen Gemüsebrühe und dem Schlagobers auffüllen und im DG bzw. Kombi-DG bei 100° C 15 Minuten dämpfen.

Nach dieser Zeit die Zuckererbsenschoten dazugeben, die Temperatur des DG auf 60° C reduzieren, weitere 10 Minuten quellen lassen. Das fertige Hirsegemüse mit Petersilie bestreuen und servieren.

Tipp

Sie können natürlich ebenso jedes andere Gemüse der Saison verwenden!

Hirse-Kaiserschmarren

60 g Hirse
120 ml Wasser
120 g Dinkelmehl
400 ml Milch
1 TL Salz
20 g Rosinen
6 Eier
2 EL Butter

Den DG bzw. Kombi-DG auf 100° C vorheizen.

Die Goldhirse erst heiß, dann kalt abschwemmen. Danach in einen ungelochten Garbehälter geben, mit Wasser auffüllen und 15 Minuten dämpfen.

Backrohr auf 200° C Umluft / Kombi-DG auf 220° C trockene Hitze vorheizen.

Die gedämpfte Hirse und Dinkelmehl mit Milch verrühren und 15 Minuten quellen lassen.

Nun das Salz sowie die Rosinen unterrühren und die Eier locker unterheben (nicht verschlagen). In einer Pfanne (mit hitzebeständigem Griff) die Butter erhitzen, die Masse einfüllen.

Im Backrohr bzw. Kombi-DG bei 220° C 20 Minuten backen.

Dazu passen entweder Wildpreiselbeermarmelade oder Apfelmus.

Hirse-Power-Frühstück

200 g Goldhirse
400 ml Wasser
2 EL rohe Braunhirse, gemahlen
50 g Rosinen
2 EL Hanföl

Den DG bzw. Kombi-DG auf 100° C vorheizen.

Die Goldhirse erst heiß, dann kalt abschwemmen. Danach in einen ungelochten Garbehälter geben, mit Wasser auffüllen und 15 Minuten dämpfen.

Die warme Goldhirse mit den anderen Zutaten verrühren – und genießen.

Tipp

Ein Frühstück, das garantiert bis Mittag satt hält!

Hirse-Topfenschnitte mit Gemüseragout

300 g Hirse
750 ml heiße Gemüsebrühe
1 Knoblauchzehe, fein gehackt
Salz
2 Eier
150 g Topfen
1 EL Reismehl
1 EL Petersilie, fein gehackt
1 EL Schnittlauch, fein geschnitten
Salz, Pfeffer
1 TL Olivenöl

Ragout

1 Melanzani
1 Zucchini
1 Karotte
1 Gelbe Rübe
100 ml Schlagobers
50 ml Weißwein
1 EL Speisestärke
Salz, Pfeffer
Thymian, Oregano, Majoran, Lorbeerblatt
1 Bogen Pergamentpapier (oder Backpapier)

Den DG bzw. Kombi-DG auf 100° C vorheizen.
Hirse erst mit heißem, dann mit kaltem Wasser abspülen und gut abtropfen lassen. In einen ungelochten Garbehälter geben und mit der heißen Gemüsebrühe aufgießen. Den fein gehackten Knoblauch dazugeben und mit Salz abschmecken. Alles bei 100° C 30 Minuten dämpfen und auskühlen lassen.

In der Zwischenzeit die Eier verschlagen, mit Topfen, Reismehl, Petersilie und Schnittlauch vermengen, mit Salz und Pfeffer abschmecken, zur ausgekühlten Hirse geben und gut untermischen. Aus der Masse mithilfe einer Vorspeisenform Rechtecke formen und auf ein ungelochtes, geöltes Garblech geben.

DG: Bei 100° C 20 Minuten dämpfen.

Kombi-DG: Bei 180° C Kombidampf 12 Minuten garen.

Inzwischen für das Gemüseragout das Gemüse waschen, in grobe Stücke schneiden und im DG bzw. Kombi-DG bei 100° C 6 Minuten mit den Hirseschnitten dämpfen.

In einem Topf das Schlagobers erhitzen, das gedämpfte Gemüse dazugeben und mit Salz, Pfeffer und den Gewürzen vermengen. Den Weißwein mit der Speisestärke verrühren und das Gemüseragout damit binden.

Tipp

Die Hirse-Topfenschnitten lassen sich vielseitig variieren: als Hauptspeise, etwa auch zu anderem Gemüse und einer Kräutersauce, oder als Beilage zu Fleisch- und Fischgerichten.

Kräutercouscous mit Mini-Geflügel-Scaloppine

250 g Couscous
400 ml Gemüsebrühe, gut gewürzt
100 ml Schlagobers
50 g frische Kräuter, z. B. Petersilie, Schnittlauch, Estragon, Brunnenkresse (oder TK-Kräutermischung)

400 g Hühnerfilet
2 EL Olivenöl
Salz, Pfeffer, Rosenpaprika
200 g Karotten
100 g Sellerie
150 g Zucchini

Den DG bzw. Kombi-DG auf 100° C vorheizen.

Die Gemüsebrühe mit dem Schlagobers in einen ungelochten Garbehälter und während des Vorheizens in den DG bzw. Kombi-DG geben.

Das Hühnerfilet waschen, trocknen und in kleine Schnitzel schneiden. Diese in Frischhaltefolie packen und (mit einer Pfanne) leicht plattieren.

Das Olivenöl mit Salz, Pfeffer und Rosenpaprika mischen und die Hühnerschnitzelchen damit bestreichen.

Die Karotten und den Sellerie schälen, die Zucchini der Länge nach halbieren. Das Gemüse auf einem Küchenhobel oder in einer Küchenmaschine in feine Streifen schneiden.
Nun den Couscous in eine ungelochte Garschale geben, das Gemüse daraufgeben und zum Schluss die Scaloppine auflegen. Die fein gehackten frischen Kräuter darüberstreuen und mit der vorgewärmten Gemüsebrühe-Schlagobersmischung aufgießen.

Alles im DG bzw. Kombi-DG bei 100° C 8 Minuten dämpfen.

Den fertigen Couscous auf Tellern anrichten und, nach Belieben, mit Parmesan bestreuen.

Polenta-Spinat-Türmchen

Den DG bzw. Kombi-DG auf 100° C vorheizen.

In einen ungelochten Garbehälter das Wasser eingießen, salzen und 1 EL Öl zugeben. Den Maisgrieß einrühren und bei 100° C 18 Minuten dämpfen.

Den Blattspinat auf ein gelochtes Garblech geben und unterhalb des Maisgrieß-Behälters während der letzten 10 Minuten in das Gerät geben.

Den Spinat herausnehmen, gut ausdrücken, mit 40 g Sauerrahm, Salz, Pfeffer sowie Knoblauch würzen, gut vermengen. In einen ungelochten Garbehälter geben.
Die fertig gedämpfte Polenta mit 2 EL Sauerrahm und geriebenem Parmesan vermischen. Auf ein Blech dick aufstreichen, auskühlen lassen. Wenn die Masse fest ist, runde Taler ausstechen. Ein ungelochtes Garblech mit dem restlichen Öl ausstreichen und die Polentataler auflegen.

Polentataler und Spinat im DG bzw. Kombi-DG bei 100° C 8 Minuten dämpfen.

Nun Polentataler auf einen Teller setzen, einen kleinen Teil der Spinatmasse daraufgeben, wieder Polentataler auflegen, mit etwas Spinat abschließen und einige Parmesanhobel darüberstreuen.

Dazu passt gut die Tomatensalsa wie auf Seite 12 beschrieben.

250 g Maisgrieß
1 l Wasser
10 g Salz
2 EL Olivenöl
200 g Blattspinat (TK)
40 g Sauerrahm
Salz, Pfeffer
1 Knoblauchzehe, zerdrückt
50 g Parmesan, frisch gerieben
2 EL Sauerrahm
40 g Parmesan, gehobelt

Kartoffel-Gemüse-Auflauf

Den DG bzw. Kombi-DG auf 100° C vorheizen.

Das Backrohr auf 180° C vorheizen.

Am Vortag Kartoffeln in der Schale im DG bei 100° C 50 Minuten dämpfen, dann schälen.

Am nächsten Tag die Kartoffeln in Scheiben schneiden, die Tomaten ebenfalls. Karotten und Gelbe Rüben schälen. Den Schinken und die Zucchini, Karotten, Gelbe Rüben und die Jungzwiebeln in kleine Würfel schneiden.

Ein ungelochtes Garblech einölen, die Kartoffeln mit dem Frischkäse und der Schinken-Gemüse-Masse vermengen. Mit Salz, Pfeffer, gekörnter Gemüsebrühe sowie Schabzigerklee würzen und auf das Garblech geben. Die Kräuter über die Kartoffelmasse streuen, mit den Tomatenscheiben belegen und mit dem geriebenen Parmesan bestreuen.

DG: Bei 100° C 15 Minuten dämpfen, anschließend im Backrohr bei 180° C in weiteren 10 Minuten Farbe nehmen lassen.
Kombi-DG: Bei 180° C Kombidampf 10 Minuten garen, dann umschalten auf 180° C trockene Hitze und in weiteren 15 Minuten fertig garen.

400 g Kartoffeln (am Vortag gekocht)
200 g Tomaten
250 g Schinken (mager)
100 g Zucchini
50 g Karotten
50 g Gelbe Rüben
2 Jungzwiebeln
1 TL Olivenöl
150 g Frischkäse (natur)
Salz, Pfeffer, Schabzigerklee
1 EL gekörnte Gemüsebrühe
frische Kräuter, z. B. Petersilie, Schnittlauch, Kerbel (oder TK)
100 g Parmesan, frisch gerieben

Kohl-Bulgurroulade

Den DG bzw. Kombi-DG auf 100° C vorheizen.

Kohl putzen und ca. 5 Minuten bei 100° C dämpfen. Die äußeren Blätter des Kohls ablösen. Die mittleren, dicken Blattrippen der abgelösten Blätter flach schneiden. Kohlblätter im DG nochmals ca. 5 Minuten dämpfen, danach in Eiswasser abschrecken.

Den Bulgur mit der heißen Gemüsebrühe übergießen, das Hanföl dazugeben und ziehen lassen.

Die Paprika entkernen, in kleine Würfel schneiden und in etwas Butter anbraten.

Das Ei in den noch warmen Bulgur einrühren und die Paprikawürfel dazugeben. Die Karotte schälen, fein raspeln und zur Bulgurmischung geben. Mit dem Kochlöffel umrühren, bis eine gute Bindung entsteht. Mit Salz und Pfeffer würzen.

Ein Kohlblatt auflegen, einen Löffel Fülle daraufgeben und zu einer Roulade aufrollen. Mit dem Schluss nach unten auf eine ungelochte, geölte Garschale geben.

DG: Bei 100° C ca. 30 Minuten dämpfen.

Kombi-DG: Bei 180° C Kombidampf 20 Minuten garen.

Für die Sauce die Milch aufkochen, mit Salz und Pfeffer würzen. Die Petersilie klein schneiden und dazugeben, alles mit dem Stabmixer mixen. Nun das Stärkemehl mit etwas Wasser verrühren und die Sauce damit binden.

Zum Servieren die Rouladen schräg halbieren und mit der Sauce anrichten.

1 Wirsingkohl (ca. 1 kg)
100 g Bulgur
200 ml Gemüsebrühe, gut gewürzt
1 TL Hanföl
50 g Paprika rot
50 g Paprika grün
2 EL Butter
1 Ei
1 Karotte
Salz, Pfeffer
1 EL Olivenöl

Sauce:
250 ml Milch
1 EL Stärkemehl
5 Zweige Petersilie
Salz, Pfeffer

Räucherlachs-Spinat-Blätterteigquiche

Den DG bzw. Kombi-DG auf 100° C vorheizen, das Backrohr auf 220° C Grillfunktion stellen.

Den frischen Spinat waschen, abtropfen lassen, auf ein gelochtes Garblech geben und bei 100° C 3 Minuten dämpfen. Danach sofort kalt abschrecken und mit Zitronenschale, Zitronensaft, Salz, Pfeffer und Muskatnuss abschmecken.

Den Kombi-DG auf 195° C Kombidampf umschalten.

Den Räucherlachs in kleine Streifen schneiden und mit dem Spinat vermischen.

Anschließend eine Quicheform mit dem Blätterteig auskleiden und mit einer Gabel mehrmals einstechen. Die Fülle darauf verteilen.
Den Käse reiben, mit dem Sauerrahm und den Eiern verquirlen und über die Fülle gießen.

DG: Bei 100° C 65 Minuten dämpfen. Danach im Backrohr 10 Minuten gratinieren.

Kombi-DG: Bei 195° C Kombidampf 40 Minuten garen.

Für eine Form mit 26 cm Ø

1 Pkg. Blätterteig (270 g)
750 g frischer Blattspinat
250 g Räucherlachs
250 g Sauerrahm
80 g Gouda
3 Eier
½ TL geriebene Zitronenschale
1 Spritzer Zitronensaft
Salz, Pfeffer
Muskatnuss, frisch gerieben

Räucherlachs-Spinat-Blätterteigquiche

Couscous-Schinkenlaibchen mit Currydip

Couscous-Schinkenlaibchen mit Currydip

250 g Couscous
500 ml heiße Gemüsebrühe
150 g Beinschinken
1 Karotte
1 EL Reismehl
2 Eier
½ Bund Petersilie, fein gehackt
Meersalz, Petersilie, Schabzigerklee
1 TL Olivenöl
200 g Sauerrahm
Salz, gelber Curry

Den DG bzw. Kombi-DG auf 80° C vorheizen.

Den Couscous mit der heißen Gemüsebrühe übergießen und bei 80° C 5 Minuten quellen lassen. Etwas überkühlen lassen.

Den DG auf 100° C, den Kombi-DG auf 180° C Kombidampf umschalten.

Die Karotte schälen und in feine Würfel schneiden oder raspeln. Den Beinschinken in kleine Würfel schneiden. Beides mit dem Couscous, der fein gehackten Petersilie, dem Reismehl und den Eiern vermengen und mit den Gewürzen gut abschmecken. Mit nassen Händen Laibchen formen und auf ein ungelochtes geöltes Garblech legen.

DG: Bei 100° C 18 Minuten dämpfen.

Kombi-DG: Bei 180° C Kombidampf 10 Minuten garen.

Für den Currydip den Sauerrahm mit Salz und Curry würzen und zu den Couscouslaibchen reichen.

Gemüselaibchen

200 g Zucchini
200 g Karotten
100 g Paprika rot
100 g Paprika grün
100 g Paprika gelb
100 g Lauch
2 Eier
2 EL Reismehl
Salz, Pfeffer, Schabzigerklee
1 EL Olivenöl

Den DG auf 100° C, den Kombi-DG auf 180° C Kombidampf vorheizen.

Karotten schälen, mit den Zucchini fein raspeln. Paprika entkernen und von den Trennwänden befreien, dann mit dem Lauch in feine Streifen schneiden. Das Gemüse mit Salz, Pfeffer und Schabzigerklee würzen, mit den Eiern und dem Reismehl gut vermengen.

Aus der Masse Laibchen formen und auf ein ungelochtes geöltes Garblech legen.

DG: Bei 100° C 18 Minuten dämpfen.

Kombi-DG: Bei 180° C Kombidampf 15 Minuten garen.

Quinolaibchen

Quinolaibchen mit Kohlrabiragout

250 g Quinoa
500 ml Gemüsebrühe (oder Wasser)
1 EL Reismehl
2 Eier
Salz, Pfeffer, Kurkuma, gelber Curry
1 TL Olivenöl

Ragout
2 Kohlrabi
100 ml Schlagobers
50 ml Weißwein
2 EL Speisestärke
10 g gekörnte Gemüsebrühe
Salz, Dill

Den DG bzw. Kombi-DG auf 100° C vorheizen.

Quinoa erst heiß, dann kalt abspülen und mit der Gemüsebrühe in einen ungelochten Garbehälter geben. Mit Curry und Kurkuma würzen und bei 100° C 25 Minuten dämpfen. Etwas überkühlen lassen.

Für das Kohlrabiragout die Kohlrabi schälen, in grobe Stücke schneiden und im DG bzw. Kombi-DG bei 100° C 4 Minuten dämpfen.

Nun den Kombi-DG auf 180° C Kombidampf aufheizen.

Zum überkühlten Quinoa das Reismehl und die Eier dazugeben und mit Salz und Pfeffer würzen. Mit nassen Händen Laibchen (oder Rechtecke) formen, diese auf ein ungelochtes geöltes Garblech legen.

DG: Bei 100° C 18 Minuten dämpfen.

Kombi-DG: Bei 180° C Kombidampf 15 Minuten garen.

Für die Sauce in einem Topf das Schlagobers erhitzen, die Kohlrabistücke dazugeben und mit Salz, gekörnter Gemüsebrühe und fein gehacktem Dill würzen. Den Weißwein mit der Speisestärke vermischen und das Kohlrabiragout damit binden.

Kartoffel-Topfenlaibchen

300 g mehlige Kartoffeln
250 g Topfen
2 EL Reismehl
2 Eier
2 Zweige Petersilie, fein gehackt
Salz, Pfeffer, Schabzigerklee
1 EL Öl

Den DG bzw. Kombi-DG auf 100° C vorheizen.

Die Kartoffeln waschen, auf ein gelochtes Garblech geben und bei 100° C 50 Minuten dämpfen. Noch heiß schälen und durch eine Kartoffelpresse drücken.

Den Kombi-DG auf 180° C Kombidampf aufheizen.

Die Kartoffeln mit dem Topfen, dem Reismehl, den Eiern, Petersilie, Salz, Pfeffer und Schabzigerklee gut vermengen.

Aus der Masse Laibchen formen und auf ein geöltes ungelochtes Garblech legen.

DG: Bei 100° C 18 Minuten dämpfen.

Kombi-DG: Bei 180° C Kombidampf 15 Minuten garen.

Faschierte Laibchen mit Ziegenkäse

Den DG auf 100° C vorheizen.

Den Kombi-DG auf 180° C vorheizen.

Die Semmelwürfel in der lauwarmen Milch einweichen.

Die Zwiebel schälen und fein hacken. Petersilie abzupfen und ebenfalls hacken. Beides in heißer Butter kurz anschwitzen.

Das Faschierte in eine Schüssel geben. Die Semmelwürfel fest ausdrücken und zusammen mit dem Zwiebel-Petersilien-Gemisch dazugeben. Den Ziegen-Butterkäse in feine Würfel schneiden und mit den Eiern dazugeben. Mit Salz, Pfeffer, Majoran, Thymian, Senf und Knoblauch kräftig würzen und alles gut vermengen.

Mit nassen Händen aus der Masse Laibchen formen und diese auf ein ungelochtes geöltes Garblech legen.

DG: Bei 100° C 18 Minuten dämpfen.

Kombi-DG: Bei 180° C Kombidampf 15 Minuten garen.

Tipp

Köstlich schmeckt dieses Gericht auch, wenn man gemischtes Faschiertes, Geflügel oder Wild verwendet!

400 g Faschiertes vom Rind
150 g Semmelwürfel
100 ml Milch (oder Wasser), lauwarm
100 g Ziegen-Butterkäse
2 Eier
1 Zwiebel
5 Zweige Petersilie
½ EL Butter
Salz, Pfeffer
½ TL Majoran
¼ TL Thymian
Senf
1 Knoblauchzehe, zerdrückt
1 EL Olivenöl

Fischlaibchen

Den DG auf 95° C vorheizen.
Den Kombi-DG auf 180° C Kombidampf vorheizen.

Die Fischfilets mit Salz, Pfeffer und Zitronensaft würzen, mit den Shrimps auf ein ungelochtes geöltes Garblech legen und im DG bzw. Kombi-DG 6 Minuten dämpfen.

Die Fischfilets mit einer Gabel zerdrücken, die Shrimps fein würfelig schneiden und mit den Semmelbröseln, den Haferflocken, dem Reismehl und den Eiern zu einer homogenen Masse vermischen. Die Kräuter beigeben und mit Salz und Pfeffer würzen.

Mit nassen Händen flache Laibchen formen und auf ein ungelochtes geöltes Garblech legen.

DG: Bei 95° C 15 Minuten dämpfen.

Kombi-DG: Bei 180° C Kombidampf 10 Minuten garen.

Dazu passt Hirsegemüse vom Blech, siehe Seite 18.

500 g Fischfilet (weißfleischig)
100 g Shrimps (Bio-Aquakultur)
½ Zitrone (Saft)
50 g Semmelbrösel
50 g Haferflocken
2 EL Reismehl
2 Eier
Thymian, Oregano, Majoran, fein gehackt
Salz, Pfeffer
1 EL Olivenöl

Cevapcici vom Fisch

600 g Fischfilet (weißfleischig)
½ Zitrone (Saft)
2 Semmeln, entrindet
1 Zwiebel

1 Knoblauchzehe
2 Eier
2 EL Reismehl
Thymian, Oregano, Majoran
Salz, Pfeffer
1 EL Olivenöl

Den DG auf 95° C vorheizen.

Den Kombi-DG auf 180° C Kombidampf vorheizen.

Die Fischfilets mit Salz, Pfeffer und Zitronensaft würzen und für 30 Minuten in den Tiefkühler geben.

In der Zwischenzeit die Semmeln einweichen, die Zwiebel und den Knoblauch abziehen. Die Zwiebel in feine Würfel schneiden und den Knoblauch fein hacken.

Nun die Semmeln gut ausdrücken und gemeinsam mit dem Fischfilet fein faschieren. Die Masse mit den Eiern und dem Reismehl mischen, die Zwiebel- und Knoblauchwürfel dazugeben, zum Schluss mit den Kräutern, Salz und Pfeffer kräftig würzen.

Mit nassen Händen Cevapcici formen und auf ein geöltes Garblech legen. (Alternativ kann man die Masse in einen Spritzsack ohne Tülle füllen, auf das Garblech aufspritzen und in gleichmäßige Stücke schneiden.)

DG: Bei 95° C 10 Minuten dämpfen. Währenddessen das Backrohr auf 230° C Grillfunktion vorheizen. Die Cevapcici im Backrohr 5 Minuten Farbe nehmen lassen.

Kombi-DG: Bei 180° C Kombidampf 10 Minuten garen. Oder: Bei Grillfunktion 15 Minuten braten.

Cevapcici vom Fisch

Safranreis-Shrimpslaibchen

Den DG auf 100° C vorheizen.
Den Kombi-DG auf 180° C Kombidampf vorheizen.

Reis mit Wasser, Safranfäden und Salz in einen ungelochten Garbehälter geben und bei 100° C 25 Minuten im mittleren Einschub dämpfen.

Die rohen Shrimps auf ein gelochtes Garblech geben und während der letzten 4 Minuten im untersten Einschub mit dem Reis dämpfen.

Den Reis etwas überkühlen lassen. Die Shrimps grob hacken.

In der Zwischenzeit die geschälte Kartoffel und die Zucchini fein raspeln sowie die Frühlingszwiebel waschen und in dünne Ringe schneiden. Die Knoblauchzehe abziehen und fein hacken. Alles zum Reis geben und mit dem Reismehl, den Eiern, der Petersilie und den Shrimps vermengen. Gut mit Salz und Pfeffer würzen.

Mit nassen Händen flache Laibchen formen und diese auf ein ungelochtes geöltes Garblech legen.

DG: Bei 100° C 15 Minuten dämpfen.

Kombi-DG: Bei 180° C Kombidampf 10 Minuten garen.

Dazu passt beispielsweise die Tomatensalsa, siehe Seite 12.

100 g Basmatireis
200 ml Wasser
1 g Safranfäden
300 g Shrimps (Bio-Aquakultur)
1 Kartoffel
100 g Zucchini

1 Frühlingszwiebel
1 Knoblauchzehe
2 EL Reismehl
3 Eier
2 Zweige Petersilie, fein gehackt
Salz, Pfeffer
1 EL Olivenöl

Safranreis-Shrimpslaibchen

Salate, Marinaden, Dips

SCHNELLFRISCHSCHLANK

Manchmal muss es einfach schnell gehen. Schnell und gesund! Wichtig ist dabei die Frische der Zutaten. Mit dem Gemüse der Saison, frisch vom Gemüsehändler oder Markt, lassen sich ganz einfach köstliche Gerichte zubereiten. Diese neuen Salatvariationen sind bekömmlich und lassen mit dem gewissen Etwas Mahlzeiten unwiderstehlich werden. So wird aus dem Lieblingssalat und dem Lieblingsdressing ein Traumpaar! Übrigens: Die Salate aus den nachfolgenden Rezepten lassen sich problemlos vorbereiten und sind zum Mitnehmen bestens geeignet.

Süßsaurer Dinkelsalat

Den **DG** bzw. **Kombi-DG** auf 100° C vorheizen.

Die Dinkelkörner 8 Stunden einweichen.

Dann mit dem Einweichwasser in den **DG** bzw. **Kombi-DG** geben und bei 100° C 30 Minuten dämpfen. Das Getreide weitere 10 Minuten bei geschlossener Tür im DG bzw. Kombi-DG quellen lassen.

Öl, Essig und die Gewürze sowie Chili, Honig und einen Teil der Kräuter in einem Standmixer (oder mit dem Stabmixer) zu einer würzigen Marinade mixen. Dann mit Gemüsebrühe verlängern.

Die Tomaten halbieren, die Kerne entfernen. Das Fruchtfleisch in kleine Würfel schneiden. Die Zwiebel abziehen und fein würfeln. Die Essiggurken in dünne Scheiben schneiden. Die Paprikaschote entkernen, die Trennwände entfernen, in kleine Würfel schneiden. Zuletzt den Apfel vom Kerngehäuse befreien und klein würfeln.

Den Dinkel aus dem Gerät nehmen und noch warm mit der Marinade verrühren. Gemüse- und Apfelwürfel dazugeben, die Kräuter beigeben und 30 Minuten zugedeckt ziehen lassen.

Tipp

Verfeinern Sie den Salat mit Nüssen Ihrer Wahl: Dazu grob gehackte Nüsse in eine trockene Pfanne geben, leicht rösten und über den Salat streuen.

150 g Dinkel
300 g Wasser

2 Tomaten
1 Zwiebel
3 Essiggurken
1 Paprikaschote
1 Apfel

2 EL Hanföl
40 g Apfelessig
1 TL Rosenpaprika
1 TL Brotgewürz
½ Chili, entkernt
1 TL Honig
Salz, Pfeffer
250 ml Gemüsebrühe (oder Wasser)
frische Kräuter nach Belieben (z. B. Petersilie, Koriander, Schnittlauch), fein gehackt

Süßsaurer Dinkelsalat

Gemüse-Zartweizensalat

Den **DG** bzw. **Kombi-DG** auf 100° C vorheizen.

Zartweizen waschen und in eine ungelochte Garschale geben, mit der Gemüsebrühe aufgießen.

Tofu und Zucchini in grobe Würfel schneiden. Den Tofu mit Salz und Chilipulver würzen. Tofu- und Zucchiniwürfel in eine ungelochte Garschale geben.

Alles bei 100° C 8 Minuten dämpfen.

Die Tomaten halbieren, die Kerne entfernen. Das Fruchtfleisch in kleine Würfel schneiden. Die Zwiebel abziehen und fein würfeln, ebenso die Oliven und den Feta. (Bei Verwendung von Frühlingszwiebel diese in kleine Ringe schneiden.)

Dann gedämpften Zartweizen mit dem Tofu-Zucchinigemüse noch warm mischen und die restlichen Zutaten vorsichtig unterheben.

Für die Marinade die Zutaten verrühren (oder mixen) und den Salat damit noch warm marinieren. Kurz durchziehen lassen.

200 g Zartweizen
400 ml Gemüsebrühe (oder Wasser)
100 g Tofu
100 g Zucchini
Salz, Chilipulver
400 g Cherrytomaten
1 Zwiebel oder große Frühlingszwiebel
50 g Oliven grün, entsteint
100 g Feta

Marinade
2 EL Hanföl
2 EL Apfelessig
2 Knoblauchzehen, fein gehackt
1 TL Senf (mittelscharf)
Salz, Pfeffer

Gemüse-Zartweizensalat

Spargelsalat mit Tomatenvinaigrette

Den **DG** bzw. **Kombi-DG** auf 100° C vorheizen.

Den Spargel schälen und die holzigen Enden abschneiden. Auf ein gelochtes Garblech legen, mit Salz und Zucker bestreuen.

Die ganzen Eier zum Spargel auf das Garblech geben. Unmittelbar darunter ein ungelochtes Garblech setzen, um den Spargelsud aufzufangen.

Bei 100° C 13 Minuten dämpfen. Anschließend Eier und Spargel gleich mit kaltem Wasser abschrecken.

Die Tomaten auf der Oberseite einritzen und im **DG** bzw. **Kombi-DG** bei 100° C 2 Minuten blanchieren. Dann sofort in kaltem Wasser (Eiswasser) abschrecken und die Haut abziehen. Die Tomaten halbieren und entkernen, das Fruchtfleisch in kleine Würfel schneiden.

Die kalten Eier schälen und kleinwürfelig schneiden. Die Pinienkerne in einer Pfanne ohne Fett kurz anrösten.

Für die Vinaigrette den Spargelsud und die Gemüsebrühe mischen, mit dem Hanföl, dem Essig, Salz, Pfeffer und Zucker gut verrühren oder mixen.
Die Eier- und die Tomatenwürfel sowie die gehackte Petersilie untermischen, nochmals abschmecken.

Den Spargel auf Tellern anrichten und mit der Vinaigrette überziehen. Die gerösteten Pinienkerne darüberstreuen

20 Stangen weißer Spargel
½ TL Salz
50 g Rohrohrzucker

Vinaigrette:
4 Tomaten
2 Eier
100 g Pinienkerne
250 ml Gemüsebrühe (oder Wasser)
2 EL Hanföl
2 EL weißer Balsamicoessig
(oder weiße Bio-Balsamicoglasur)
Salz, Pfeffer
½ TL Rohrohrzucker
5 Zweige Petersilie, fein gehackt

Spargelsalat mit Tomatenvinaigrette

Reissalat

Den **DG** bzw. **Kombi-DG** auf 100° C vorheizen.

Reis mit Wasser, Currypulver und Salz vermischt in einer ungelochten Garschale in die mittlere Einschubleiste geben.

Die Grünen Bohnen putzen und in mundgerechte Stücke schneiden. Dann auf ein gelochtes Garblech geben und im **DG** bzw. **Kombi-DG** unterhalb des Reisbehälters einschieben. Beides bei 100° C 20 Minuten dämpfen.

Dann den Reis auskühlen lassen, die Grünen Bohnen mit kaltem Wasser abschrecken.

Mais in ein Sieb leeren, abspülen.

Zwiebel und Knoblauchzehe sowie die getrockneten Tomaten fein hacken und mit Senf, Essig, Hanföl, Sauerrahm, Salz und Pfeffer gut verrühren.

Alles mit dem Reis und den Bohnen vermischen und nochmals abschmecken.

400 g Basmatireis
800 ml Wasser
1 Msp. Currypulver
Salz

300 g Grüne Bohnen
150 g getrocknete Tomaten, in Öl eingelegt
350 g Zuckermais (aus der Dose)
1 Zwiebel
1 Knoblauchzehe
1 TL Senf (mittelscharf)
2 EL weißer Balsamicoessig
2 EL Hanföl
2 EL Sauerrahm
Salz, Pfeffer

Reissalat

Lauwarmer Fenchelsalat

Den **DG** bzw. **Kombi-DG** auf 100° C vorheizen.

Die Fenchelknolle halbieren und den Strunk ausschneiden, sie zerfällt so in ihre einzelnen Schichten. Diese „Blätter" auf ein gelochtes Garblech geben und im DG bzw. Kombi-DG bei 100° C 8 Minuten dämpfen.

Karotte und Sellerie fein reiben und mit Limettensaft, Orangensaft, Senf, Honig und Hanföl in einen Mixbecher geben und fein mixen.

Den Apfel fein hobeln und zur Marinade geben. Mit Salz und Pfeffer abschmecken.

Den noch lauwarmen Fenchel mit der Marinade überziehen.

4 Fenchelknollen
1 Karotte
100 g Sellerie
1 Apfel
1 Limette (Saft)
1 Orange (Saft)
1 EL Senf (mittelscharf oder Dijonsenf)
1 EL Honig
2 EL Hanföl
Salz, Pfeffer

Rucola mit Kartoffeldressing

Den **DG** bzw. **Kombi-DG** auf 100° C vorheizen.

Die Kartoffeln in der Schale auf ein gelochtes Garblech geben und je nach Größe bei 100° C 55–60 Minuten dämpfen.

Die Zwiebel abziehen und in feine Würfel schneiden.

Die Kartoffeln schälen und noch warm in einen Standmixer (oder Mixbecher) geben. Nun die Gemüsebrühe zugießen, mit Salz, Pfeffer, Senf, Essig und Hanföl fein mixen.

Den Rucola mit der Marinade übergießen und vorsichtig vermengen. Auf Teller verteilen und mit den Zwiebelwürfeln bestreuen.

Tipp

Mit diesem Dressing lässt sich auch gut Avocadosalat zubereiten. Dazu die Avocados schälen, längs halbieren und den Kern herausdrehen. Die Avocados quer in Streifen schneiden, auflegen, mit dem Kartoffeldressing beträufeln und mit Tomatenstücken garnieren.

400 g Rucola
2 mehlige Kartoffeln
1 Zwiebel
200 ml Gemüsebrühe, gut gewürzt
2 EL Apfelessig
2 EL Hanföl
1 TL Senf
Salz, Pfeffer

Tortellinisalat mit Kräuterdressing

Den **DG** bzw. **Kombi-DG** auf 100° C vorheizen.

Die frischen Tortellini in eine gelochte Garschale geben und bei 100° C 15 Minuten dämpfen.

Die Tomaten halbieren, die Kerne entfernen, das Fruchtfleisch in Streifen schneiden. Die Zucchini grob raspeln. Die Zwiebel abziehen und in feine Würfel schneiden. Den Knoblauch fein hacken.

Den Sauerrahm mit Zucchiniraspeln, Salz, Pfeffer, Zwiebel, Knoblauch, den fein gehackten Kräutern und dem Rucola vorsichtig mischen und die überkühlten Tortellini untermengen. (Der Sauerrahm darf nicht zu stark gerührt werden, sonst verliert er seine cremige Konsistenz.) Zum Schluss die Tomatenstreifen als Dekor darübergeben.

Tipp

Als Variante 1 Msp. rotes Currypulver und gemahlenen Chili zum Dressing geben – eine kleine Veränderung mit großer Auswirkung auf den Geschmack.

500 g frische Tortellini (vegetarisch oder mit Fleisch)
300 g Tomaten
250 ml Sauerrahm
100 g Zucchini
50 g Rucola
1 Zwiebel
1 Knoblauchzehe
Kräuter, fein gehackt, z. B. Petersilie, Schnittlauch, Kerbel
Salz, Pfeffer

Tortellinisalat mit Kräuterdressing

Schnittsalat mit gedämpftem Schafskäse

400 g Schnittsalat (Rucola, Lollo rosso, Blattbatavia, Eichblattsalat oder Fingersalat)
200 g Schafskäse
1 TL Apfelessig
1 Zitrone (Saft)
1 EL Hanföl
Salz, Pfeffer, Zucker

Den **DG** bzw. **Kombi-DG** auf 100° C vorheizen.

Vom Schafskäse mit einem Parisienneaustecher Kugeln abstechen, auf ein ungelochtes Garblech geben und bei 70° C 2 Minuten dämpfen.

In der Zwischenzeit aus dem Essig, Zitronensaft, Öl und den Gewürzen eine Vinaigrette bereiten und behutsam unter den Schnittsalat mengen. Den lauwarmen Schafskäse daraufsetzen.

Tipp

Besonders gut schmeckt der Salat, wenn Sie auf den Schafskäse noch etwas grünes oder rotes Pesto geben. Dazu passt kräftiges Vollkornbrot.

Kichererbsensalat

Den **DG** bzw. **Kombi-DG** auf 100° C vorheizen.

Die Kichererbsen 12 Stunden einweichen.
Das Einweichwasser abschütten, die Kichererbsen mit klarem Wasser spülen und auf ein gelochtes Garblech geben. Bei 100° C 50 Minuten dämpfen.

Ein Viertel der Kichererbsen beiseite geben. Die restlichen Kichererbsen mit Zwiebel, Knoblauch, Kreuzkümmel, Paprikapulver, Tahinapaste, Joghurt, Limettensaft und Olivenöl vermischen, salzen und alles mit dem Mixstab (oder im Standmixer) zu feinem Hummus pürieren.

Von der Paprika den Deckel abschneiden, die Trennwände und die Kerne entfernen. Das Fruchtfleisch fein würfeln.

Die Tomaten halbieren, die Kerne entfernen. Das Fruchtfleisch ebenfalls in kleine Würfel schneiden.

Die Jungzwiebel in feine Würfel schneiden, die Oliven halbieren.

Alles mit den beiseite gegebenen Kichererbsen vermengen. Mit Hanföl, Apfelessig und Salz marinieren.

Den Salat auf Tellern anrichten und aus dem Hummus mithilfe eines kleinen Löffels Nockerln formen. Auf dem Salat platzieren. Dazu passen selbst gemachtes Baguette oder Vollkornbrot.

500 g Kichererbsen
1 Zwiebel, fein geschnitten
3 Knoblauchzehen
1 Msp. Kreuzkümmel
½ TL Paprikapulver
2 EL Tahinapaste (Reformhaus)
2 EL Joghurt
1 Limette (Saft)
1 EL Olivenöl
1 Paprika grün, fein gewürfelt
2 Tomaten
1 Jungzwiebel
5 schwarze Oliven, entsteint
2 EL Hanföl
1 EL Apfelessig
Salz

Gurken-Buttermilch-Dressing

1 Feldgurke
500 ml Buttermilch
½ Zitrone (Saft)
1 EL Hanföl
1 Knoblauchzehe, klein geschnitten
1 Zweig Dill, klein geschnitten
Salz, Pfeffer

Den **DG** bzw. **Kombi-DG** auf 100° C vorheizen.

Die Feldgurke schälen, entkernen, die bitteren Enden entfernen, in kleine Stücke schneiden und im DG bzw. Kombi-DG bei 90° C 3 Minuten blanchieren (so wird die Gurke bekömmlicher).

Die gedämpften Gurkenstücke mit Buttermilch, Zitronensaft, Hanföl, Knoblauch, Dill, Salz und Pfeffer in ein Mixglas geben und gut cremig mixen.

Dieses Dressing eignet sich z. B. für Kartoffelsalat, Tomatensalat und als Dip für Gemüsesticks.

Tipp

Mit Mineralwasser verdünnt ergibt es einen idealen Durstlöscher an heißen Sommertagen.

Kartoffeldressing

2 mehlige Kartoffeln
200 ml Gemüsebrühe, gut gewürzt
60 g Frühstücksspeck
1 Zwiebel
2 EL Apfelessig
2 EL Hanföl
2 EL Schlagobers
1 TL Senf
Salz, Pfeffer
1 Essiggurke (und 3 EL Gurkenwasser)
Petersilie, Schnittlauch

Den **DG** bzw. **Kombi-DG** auf 100° C vorheizen.

Die ungeschälten Kartoffeln auf ein gelochtes Garblech geben und je nach Größe bei 100° C 55–60 Minuten dämpfen.

Den Frühstücksspeck in kleine Würfel schneiden, auf ein ungelochtes Garblech geben und über den Kartoffeln im **DG** bzw. **Kombi-DG** während der letzten 5 Minuten mitdämpfen.

Die Kartoffeln schälen und noch warm in einen Standmixer (oder Mixbecher) geben. Nun die Gemüsebrühe zugießen, Salz, Pfeffer, Senf, Essig, Hanföl und Schlagobers dazugeben und alles fein mixen. Zum Schluss die fein gehackte Essiggurke und etwas Gurkenwasser untermengen.

Vor dem Anrichten die Zwiebel abziehen und in feine Würfel schneiden. Petersilie fein hacken und den Schnittlauch in feine Röllchen schneiden. Zum Schluss alles, gemeinsam mit dem Speck, über den Salat streuen.

Dieses Dressing eignet sich besonders für Vogerl- oder Schnittsalat.

Bohnendip

100 g Indianerbohnen (trocken)
1 EL Olivenöl
½ Zwiebel
1 Knoblauchzehe
80 ml heiße Gemüsebrühe
Salz, Pfeffer
Oregano
1 Lorbeerblatt

Die Bohnen 8 Stunden einweichen.

Den **DG** bzw. **Kombi-DG** auf 100° C vorheizen.

Das Einweichwasser abschütten, die Bohnen auf ein ungelochtes Garblech geben und mit frischem Wasser bedecken. Im **DG** bzw. **Kombi-DG** bei 100° C 50 Minuten dämpfen.

Die Bohnen kalt abspülen. Das Olivenöl erhitzen, die Zwiebel sowie den Knoblauch in feine Würfel schneiden und mit dem Lorbeerblatt kurz anschwitzen.

Das Lorbeerblatt wieder entfernen und die Zwiebelmasse zu den Bohnen geben. Mit der heißen Gemüsebrühe aufgießen und mit Salz, Pfeffer und Oregano würzen. Alles mit dem Mixstab zu einer feinen Paste mixen. Nochmals abschmecken.

Passt gut zu Weißbrot, Tacos oder Gemüsesticks.

Feta-Tomatendip

200 g Feta
80 ml Joghurt
80 ml Sauerrahm
1 EL Tomatenmark
Salz, Pfeffer

Den Feta kleinwürfelig schneiden und mit den restlichen Zutaten mit dem Mixstab zu einer feinen Creme mixen.

Schmeckt gut mit Gurken- und Zucchinisticks, Weißbrot und Tacos.

Preiselbeer-Topfendip

150 g Preiselbeermarmelade
200 g Topfen
2 EL Milch
1 EL Honig
Salz, Pfeffer
Chili nach Geschmack

Alle Zutaten mit dem Mixstab zu einer feinen Creme mixen.

Dieser Dip passt besonders gut zu Süßem, z. B. Nuss- oder Marmorkuchen und zu Vollkornbiskotten.

Eier-Hüttenkäsedip

4 Eier
200 g Hüttenkäse
2 EL Schlagobers
80 g Jungzwiebel
1 Salatgurke
Salz, Pfeffer, Curry

Den **DG** bzw. **Kombi-DG** auf 100° C vorheizen.

Die Eier auf ein gelochtes Garblech geben und bei 100° C 13 Minuten dämpfen. Danach kalt abschrecken, schälen und würfelig schneiden.

Den Hüttenkäse mit dem Schlagobers verrühren, die Jungzwiebeln in feine Ringe schneiden. Die Gurke schälen, längs halbieren und die Kerne mit einem Löffel auskratzen. Fruchtfleisch in feine Würfel schneiden.

Die Eier- und Gurkenwürfel sowie die Jungzwiebelringe unter die Käsemischung rühren und alles mit Salz, Pfeffer und einer Prise Curry würzen.

Schmeckt gut mit Weißbrot, Tacos oder Gemüsesticks.

Räucherlachsdip

200 g Räucherlachs
200 g Doppelrahmfrischkäse
50 ml Sauerrahm
50 ml Joghurt
½ Limette (Saft)
1 Zweig Dill, fein gehackt
Pfeffer

Den Räucherlachs in sehr feine Würfel schneiden. Mit Käse, Sauerrahm, Joghurt und Limettensaft mischen, mit Pfeffer abschmecken und mit Dill bestreuen.

Auf Toastbrot servieren.

Makrelendip

1 weiße Zwiebel
3 Gewürzgurken
5 grüne Oliven, entkernt
250 g Makrelenfilet (Sgombri)
1 EL Olivenöl
4 EL Sauerrahm
1 Limette (Saft)
1 TL weißer Balsamicoessig
Salz, Pfeffer

Die Zwiebel abziehen und gemeinsam mit den Gewürzgurken und Oliven in feine Würfel schneiden.

Die Makrelenfilets grob zerteilen und mit dem Olivenöl, dem Sauerrahm, dem Limettensaft und dem Balsamicoessig zu einer feinen Creme mixen.

Nun die Zwiebel-, Gewürzgurken- und Olivenwürfel untermischen und mit Salz und Pfeffer abschmecken.

Dieser Dip schmeckt gut zu italienischen Panini.

Buntes Aroma-Potpourri

Die Wirkung frischer und natürlicher Aromen ist ein Fest für alle Sinne. Diese phantasievollen Kreationen bringen Abwechslung in die Küche. Mit dem aromaangereicherten Dampf, etwa aus dem Lavendel-Teesud, und mit Gewürzen wie Safran, Kardamom und Zimt lässt sich der Eigengeschmack wertvoller Zutaten raffiniert unterstreichen. Auch Limetten geben sich in der Aromaküche ein Stelldichein und erfrischen Speisen mit milder, natürlicher Säure, die gleichzeitig antibakteriell wirkt. Kochen mit Aromen ist ein müheloser Weg zu intensiverem Geschmack.

Jambalaya mit Hühnerfilet und Reis

600 g Hühnerfilet
2 Karotten
1 Zwiebel
2 grüne Paprika
1 Stange Staudensellerie
600 g Tomaten (oder 1 Dose Tomatenwürfel)
400 g Basmatireis
600 ml Gemüsebrühe
Salz

Cajun-Gewürzmischung
20 g Knoblauchpulver
1 g weißer Pfeffer
1 g schwarzer Pfeffer, grob
1 g Cayennepfeffer
10 g Oregano
10 g Thymian

Zunächst für die Gewürzmischung alle Zutaten vermengen. Bereitet man gleich eine größere Menge davon zu, kann man sie in gut gesäuberten Gläsern mit Schraubdeckel aufbewahren.

Den DG bzw. Kombi-DG auf 100° C vorheizen.

Das Hühnerfilet waschen, trocknen und in kleine Würfel schneiden.

Die Karotten schälen, die Zwiebel abziehen, die Paprika entkernen und von den Trennwänden befreien. Von der Staudensellerie die Blätter entfernen, dann klein schneiden. Gemüse in kleine Würfel schneiden.

Die Tomaten einritzen und im DG bei 100° C 2 Minuten dämpfen, danach sofort kalt abschrecken. Die Tomaten enthäuten, halbieren, die Kerne entfernen, das Fruchtfleisch in kleine Würfel schneiden.
Den Kombi-DG auf 160° C Kombidampf aufheizen.

Nun Gemüse und Reis in eine ungelochte Garschale geben, das Fleisch darauflegen, mit der Gewürzmischung bestreuen, salzen.

DG: Bei 100° C 35 Minuten garen.

Kombi-DG: Bei 160° C Kombidampf 25 Minuten garen.

Auf Tellern anrichten und nach Belieben mit frischem Oregano oder Thymian dekorieren.

Hühner-Satay-Spieße mit Erdnusssauce

Für die Erdnusssauce die Jungzwiebeln in kleine Ringe schneiden. Das Wasser mit allen Zutaten im Standmixer cremig mixen. Danach die Sauce in einen Topf geben und 4 Minuten unter ständigem Rühren einkochen lassen. Nochmals abschmecken.

Den DG auf 100° C, den Kombi-DG auf 180° C Kombidampf vorheizen.

Die Hühnerfilets waschen und trocknen. Nun in schmale, längliche Stücke schneiden und wellenförmig auf Holzspieße stecken.

Sojasauce, Öl und Limettensaft verrühren.

Die Hühnerspieße auf ein ungelochtes, geöltes Garblech legen und mit der Soja-Limettensauce bestreichen.

DG: Bei 100° C 12 Minuten dämpfen.

Kombi-DG: Bei 180° C Kombidampf 8 Minuten garen.

Die Spieße mit der Erdnusssauce anrichten.
Gut passt dazu Basmatireis oder frische, in grobe Scheiben geschnittene Salatgurken.

Tipp

Sie können die Erdnusssauce ohne Weiteres am Vortag zubereiten, dann ist das Gericht in wenigen Minuten fertig!

4 Hühnerfilets
8 Holzspieße
1 EL Sojasauce
1 EL Hanföl (oder Sesamöl)
½ Limette (Saft)

Sauce
100 g Erdnüsse, ungesalzen
250 ml Wasser
2 Jungzwiebeln
2 Knoblauchzehen
1 EL Olivenöl
1 TL Honig
1 TL Sojasauce
je 1 Pr. Salz, Currypulver, Kreuzkümmel, Koriander

Safranpulao mit Rind

300 g Rinderfilet oder Beiried
2 Frühlingszwiebeln
2 Pimentkörner
2 Gewürznelken
4 Pfefferkörner schwarz
4 Kardamomkapseln

250 g Basmatireis
2 EL Ghee (oder Butterschmalz), leicht erwärmt
2 EL Sultaninen
½ TL Safranfäden
½ Orange (Schale)
1 EL Mandeln
¼ Zimtstange
350 ml heiße Gemüsebrühe
Salz

Den DG auf 100° C, den Kombi-DG auf 160° C Kombidampf vorheizen.

Das Fleisch in 2 x 2 cm große Würfel schneiden. Die Frühlingszwiebeln in kleine Würfel schneiden.

Piment, Gewürznelken, Pfefferkörner und Kardamom im Mörser zerstoßen oder in der Gewürzmühle mahlen.

Den Reis in eine ungelochte Garschale geben und mit dem Ghee gut mischen.

Nun die Fleischwürfel, die Sultaninen, die Gewürzmischung, die Safranfäden sowie die geriebene Orangenschale beigeben und gut vermengen. Ebenso die Mandeln und die Zimtstange dazugeben. Mit der heißen Gemüsebrühe aufgießen, mit Salz würzen.

DG: Bei 100° C 35 Minuten dämpfen.

Kombi-DG: Bei 160° C Kombidampf 25 Minuten garen.

Safranpulao mit Rind

Kokos-Putenmedaillons mit Chili-Limetten-Hirsotto

400 g Putenbrust
1 Ei
100 g Kokosflocken
1 EL Olivenöl zum Bestreichen

200 g Hirse
200 g heiße Gemüsebrühe
100 g Schlagobers
1 Limette (Schale)
4 Chili (süßlich-scharf), klein geschnitten
Salz

Den DG bzw. Kombi-DG auf 100° C vorheizen.

Die Putenbrust in 50 g schwere Medaillons schneiden.
Das Ei verschlagen und salzen, die Medaillons durchziehen, anschließend in den Kokosflocken wälzen. Auf ein ungelochtes, geöltes Garblech legen.

Für das Hirsotto die zuerst heiß, dann kalt abgespülte Hirse mit der heißen Gemüsebrühe, dem Schlagobers, der Limettenschale, Chili und Salz vermischen und in einen ungelochten Garbehälter geben.

DG bzw. Kombi-DG: Das Hirsotto bei 100° C 15 Minuten dämpfen. Dann mit Alufolie zudecken.

Kombi-DG auf 230° C Grillfunktion, Backrohr auf 230° C Grillfunktion stellen. Nun die Medaillons 12 Minuten gratinieren.

Kokos-Putenmedaillons mit Chili-Limetten-Hirsotto

Gefüllte Seeforelle im Filoteig auf Gemüse

4 Seeforellenfilets
50 g Räucherlachs
1 EL Olivenöl
2 Eier
2 Blatt Filoteig (Supermarkt)
2 EL Butter, zerlassen
2 Karotten

2 Gelbe Rüben
1 Zucchini
½ Lauchstange
2 EL Butter
70 ml Weißwein (Riesling)
500 ml Milch
1 EL Speisestärke
Salz, Pfeffer

Den **DG** bzw. **Kombi-DG** auf 100° C vorheizen.

Die Seeforellenfilets waschen und trocknen. Den Räucherlachs in kleine Würfel schneiden.

Das Olivenöl in einer Pfanne erwärmen, die Eier verschlagen, in die Pfanne gießen, salzen und pfeffern. Kurz vor dem Stocken den Räucherlachs dazugeben und unter die Eiermasse rühren. Etwas abkühlen lassen, dann gleichmäßig auf den Seeforellenfilets verteilen. Die Fischfilets in der Mitte zusammenklappen.

Karotten und Gelbe Rüben schälen. Mit Zucchini und Lauch in grobe Würfel schneiden. Auf ein gelochtes Garblech geben und bei 100° C 9 Minuten dämpfen.

Inzwischen ein Blatt Filoteig auf einem Küchentuch auflegen und mit der zerlassenen Butter bestreichen, das zweite Blatt darauflegen. Den Teig mit einem scharfen Messer oder einer Küchenschere in 4 Teile schneiden und je ein Stück vom gefüllten Fischfilet in den Teig rouladenartig eindrehen.

DG: Auf einem gelochten Garblech bei 90° C 10 Minuten dämpfen.

Kombi-DG: Auf einem ungelochten, leicht geölten Garblech 3 Minuten bei 90° C andämpfen. Bei 95° C Trockenhitze in 5 Minuten fertig garen.

Währenddessen die Gemüsewürfel in Butter kurz anschwitzen, mit dem Weißwein ablöschen, die Milch dazugeben und mit Salz und Pfeffer würzen. Die Speisestärke in Wasser auflösen und das Gemüse damit binden.

Die Fischpäckchen halbieren und auf dem Gemüse anrichten.

Gefüllte Seeforelle im Filoteig auf Gemüse

Scampi mit Guacamole

12 Scampi, geschält
50 g Bärlauch (oder Basilikum)
2 EL Olivenöl

2 reife Avocados
100 g Sauerrahm
1 Limette (Saft)
50 ml Gemüsebrühe, gut gewürzt
2 Tomaten
1 rote Zwiebel
1 Chili
Salz, Pfeffer

Den Bärlauch mit dem Olivenöl und der halben Menge vom Limettensaft im Standmixer oder mit dem Stabmixer zu einer cremigen Masse mixen.

Die Scampi waschen, trocknen und mit der Bärlauchcreme bepinseln.

Den DG auf 90° C bzw. den Kombi-DG auf 180° C Kombidampf vorheizen.

Die Avocados schälen (siehe Tipp), mithilfe einer Gabel in einer Schüssel fein zerdrücken, so dass eine cremige Masse entsteht.

Die Tomaten halbieren, die Kerne entfernen. Das Fruchtfleisch in kleine Würfel schneiden. Zwiebel und Chili (von den Kernen befreit) ebenfalls fein würfelig schneiden. Alles mit dem restlichen Limettensaft, dem Sauerrahm und der Gemüsebrühe unter die Avocadomasse rühren, mit Salz und Pfeffer würzen.

Die marinierten Scampi in eine gelochte Garschale geben.

DG: Bei 90° C 6 Minuten dämpfen.

Kombi-DG: Bei 180° C Kombidampf 4 Minuten garen.

Dazu passen Weißbrot oder Tacos.

Tipp

Zum Schälen die Avocado der Länge nach einschneiden, die zwei Teile verdrehen, mit einem Esslöffel den Kern aus dem Fruchtfleisch heben, dann das Fruchtfleisch aus der Schale lösen.

Scampi mit Guacamole

Avocado

schneiden

Kalbspaillard aus dem Teesud auf grünem Spargel

4 Schnitzel vom Kalbsrücken à 200 g
800 g grüner Spargel
250 ml Gemüsebrühe (oder Wasser)
100 ml Schlagobers
½ Limette (Saft)
2 Säckchen (Teebeutel) Kräutertee mit Lavendel
½ TL Salz
1 TL Rohrohrzucker
1 EL Speisestärke
Salz, Pfeffer

Den DG bzw. Kombi-DG auf 100° C vorheizen.

Vom grünen Spargel die holzigen Enden wegschneiden und nur den unteren Teil schälen.

Die Kalbsschnitzel zwischen Frischhaltefolie hauchdünn zu Paillards klopfen.

Für den Teesud die Gemüsebrühe in einen ungelochten Garbehälter gießen, dann Schlagobers, Limettensaft und die Kräuterteesäckchen dazugeben. Den Spargel auf ein gelochtes Garblech geben und mit Salz und Rohrohrzucker bestreuen.

Den Teesud in den untersten und den Spargel in den mittleren Einschub geben.

Beides 12 Minuten bei 100° C dämpfen.

Jetzt die Kalbspaillards in den Teesud legen und alles weitere 4 Minuten dämpfen.

Den Spargel und das Fleisch zugedeckt mit Alufolie warm halten, den Teesud in einen Topf umleeren, salzen und pfeffern, und ein Mal aufkochen. Die Speisestärke mit etwas kaltem Wasser verrühren und den Teesud damit binden.

Die Spargelstangen auf Tellern anrichten, Kalbspaillard darauflegen und mit der Teesauce umgießen.

Als Beilage eignen sich gedämpfte Kartoffeln oder Weißbrot.

Kalbspaillard aus dem Teesud auf grünem Spargel

Spargel-Tomatencrêpe

Für die Crêpes Mehl, Milch, Eier und Salz mit dem Schneebesen verrühren, 30 Minuten quellen lassen.

In der Zwischenzeit den **DG** bzw. **Kombi-DG** auf 100° C vorheizen.

Den Spargel schälen und die unteren, holzigen Enden abschneiden. Den Spargel auf ein gelochtes Garblech geben, salzen und zuckern. Unterhalb des Spargels ein ungelochtes Garblech zum Auffangen des Spargelsuds einschieben.

Im **DG** bzw. **Kombi-DG** bei 100° C 12 Minuten dämpfen.

In einem Topf die Gemüsebrühe, den Spargelfond und das Schlagobers erhitzen. Ein Kräuterteesäckchen (z. B. mit Kamille, Pfefferminzblättern, Lindenblüten, Holunderblüten, Ringelblumenblättern, Kornblumenblättern, Brombeerblättern) dazugeben und 5 Minuten ziehen lassen.
Die Speisestärke mit dem Wein verrühren und die Spargelsauce damit binden. Mit Salz und gekörnter Gemüsebrühe abschmecken.

In einer Pfanne Öl erhitzen und die Crêpes dünn ausbacken.

Auf jede Crêpe in der Mitte einen Teil Spargelstangen legen, einrollen. Mit je einer Scheibe Schinken umwickeln und in einen ungelochten, geölten Garbehälter geben.

DG: Bei 100° C 10 Minuten dämpfen.

Kombi-DG Bei 180° C Kombidampf 8 Minuten garen.

Die Tomatenwürfel in einen ungelochten Garbehälter geben, mit Salz und Pfeffer würzen. Während der letzten 2 Minuten mit den Crêpes mitdämpfen.

Die Spargel-Tomatencrêpes mit der Spargelsauce umkränzt anrichten.

100 g Vollkornmehl
250 ml Milch
3 Eier
Salz
1 EL Olivenöl zum Ausbacken

500 g Spargel
1 TL Salz
1 TL Zucker

8 Scheiben Beinschinken
100 g Tomatenwürfel
200 ml Gemüsebrühe
100 ml Schlagobers
1 TL gekörnte Gemüsebrühe
1 Säckchen Kräutertee
2 cl Weißwein
1 EL Speisestärke
Salz, Pfeffer

Spargel-Tomatencrêpe

Getreide & Hülsenfrüchte

Getreide einmal anders! Hirse, Dinkel, Linsen oder Kichererbsen – kennt man, mag man. Aber Sie wussten nie, wie sich die kleinen Gesundheitsbomben zu einer passenden Beilage oder einem attraktiven Hauptgericht variieren lassen? Wir haben Getreide und Hülsenfrüchtegerichte modernisiert und zu rasch umsetzbaren, einfachen und köstlichen Rezepturen zusammengefasst. Für Abwechslung ist also gesorgt!

Ziegenkäsemedaillons in der Hanfkruste auf Grüne Bohnen-Tomatenragout

600 g Ziegenhartkäse
400 g Grüne Bohnen
80 g Hanfkörner, geschält
4 Tomaten
1 Ei
1 EL Mineralwasser
3 EL Reismehl
1 EL Olivenöl
1 Zwiebel
Salz, Pfeffer
1 Knoblauchzehe, zerdrückt
Bohnenkraut

Den DG bzw. Kombi-DG auf 100° C vorheizen.

Die Grünen Bohnen putzen, auf ein gelochtes Garblech geben und im DG bzw. Kombi-DG bei 100° C 18 Minuten dämpfen. Danach kalt abschrecken.

Den Ziegenhartkäse zu Rechtecken oder Quadraten schneiden oder mit einem runden Keksausstecher ausstechen.

Die Hanfkörner in einer Pfanne vorsichtig trocken anrösten. Die Tomaten halbieren, die Kerne entfernen. Das Fruchtfleisch in kleine Würfel schneiden.

Das Ei mit dem Mineralwasser verschlagen. Das Reismehl und die gerösteten Hanfkörner jeweils in eine passende Schüssel geben. Nun die Käsemedaillons einseitig zuerst in das Mehl drücken, anschließend durch das Ei ziehen und dann in die Hanfkörner drücken. Mit der „panierten" Seite nach oben auf ein ungelochtes, geöltes Garblech geben.

Den Kombi-DG auf 160° C Kombidampf aufheizen.

Die Zwiebel abziehen und in kleine Würfel schneiden. Die Grünen Bohnen, Zwiebel-und Tomatenwürfel vermischen, mit Salz, Pfeffer, Knoblauch und Bohnenkraut würzen und in eine ungelochte Garschale geben.

Nun Gemüse und Medaillons gleichzeitig dämpfen.

DG: Bei 100° C 15 Minuten.

Kombi-DG: Bei 160° C Kombidampf 10 Minuten.

Beefsteak aus dem Limettendampf mit Gemüse und Chilikartoffeln

Den DG bzw. Kombi-DG auf 100° C vorheizen.

Die Kartoffeln ungeschält halbieren.

Ein ungelochtes Garblech mit dem Olivenöl auspinseln. Die Schnittflächen der Kartoffeln mit Salz und Chili bestreuen, dann die Kartoffeln mit der Schnittfläche nach unten auf das Garblech legen.

In den oberen Einschub geben und im DG bzw. Kombi-DG bei 100° C 45 Minuten dämpfen.

Für den Dip die Avocados längs einschneiden und durch Verdrehen halbieren. Den Kern entfernen, das Fruchtfleisch mithilfe eines Esslöffels aus der Schale heben und mit einer Gabel zerdrücken. Die Ananaswürfel dazugeben. Die Tomaten halbieren, Kerne entfernen, in kleine Würfel schneiden und zur Avocadocreme dazugeben. Mit Salz, Hanföl und Schnittlauch würzen. Den Dip in Schälchen abfüllen und separat zum Fleisch servieren.

Zucchini der Länge nach vierteln und in Scheiben schneiden. Die Knoblauchzehen abziehen und fein hacken. Paprika von Trennwänden sowie Kernen befreien und in Streifen schneiden. Die Karotten und Gelben Rüben schälen und in kleine Stifte schneiden. Alles gemeinsam mit den Zuckererbsenschoten auf ein ungelochtes Garblech geben. Olivenöl, Salz, Knoblauch und Oregano vermischen und darüberträufeln. Mit diesem Gewürzöl auch das Fleisch marinieren.

Limettenschale auf ein ungelochtes Garblech streuen und das marinierte Fleisch daraufsetzen.

Nach 35 Minuten zu den Kartoffeln in den DG bzw. Kombi-DG geben, das Gemüse 5 Minuten später hinzugeben und alles gemeinsam fertig dämpfen.

Gemeinsam mit der Avocadocreme servieren.

4 Beefsteaks à 200 g
400 g Kartoffeln, festkochend (am besten "Heurige")
1 EL Olivenöl
1 Limette (Schale)
100 g Zuckererbsenschoten
100 g Zucchini
100 g roter Paprika
100 g Karotten
100 g Gelbe Rüben
2 Knoblauchzehen
1 EL Olivenöl
Salz, Chili (aus der Mühle)
Oregano

Dip
2 reife Avocados
50 g Ananaswürfel
2 Tomaten
Salz
1 EL Hanföl (oder Olivenöl)
Schnittlauch, fein geschnitten

Gefüllte Paprika mit mexikanischem Gemüse

200 g Reis
350 ml Gemüsebrühe (oder Wasser)
10 g gekörnte Gemüsebrühe
4 Paprika grün
½ Paprika grün
½ Paprika rot
100 g Zucchini

50 g Zuckermais (aus der Dose)
100 g Indianerbohnen (aus der Dose)
100 g Bergkäse
500 g Tomaten, gewürfelt (aus der Dose)
Salz, Pfeffer
1 Knoblauchzehe
Chilipulver, Oregano
1 Lorbeerblatt

Den DG bzw. Kombi-DG auf 100° C vorheizen.

Den Reis in einen ungelochten Garbehälter geben. Die Gemüsebrühe und die gekörnte Gemüsebrühe dazugeben und bei 100° C 20 Minuten dämpfen. Danach etwas überkühlen lassen.

Von den vier grünen Paprika die Deckel abschneiden, die Trennwände und Kerne entfernen. Die Paprika waschen und zum Füllen beiseite stellen.

Die halbe grüne und rote Paprika in feine Würfel schneiden. Zucchini ebenfalls fein würfeln. Nun den Reis mit Paprika- und Zucchiniwürfeln, Zuckermais und Indianerbohnen mischen.

Den Bergkäse in kleine Würfel schneiden (oder raspeln), zu der Reismasse geben und mit Salz, Pfeffer, Knoblauch, Chilipulver und Oregano würzen. Die Masse in die vorbereiteten grünen Paprikaschoten füllen.

Jetzt den Kombi-DG auf 180° C Kombidampf aufheizen.

Die gewürfelten Tomaten mit Salz, Pfeffer, Knoblauch, Oregano und dem Lorbeerblatt würzen und in einen ungelochten Garbehälter geben. Die Paprika auf die Tomaten setzen.

DG: Bei 100° C 40–45 Minuten dämpfen.

Kombi-DG: Bei 180° C Kombidampf 30 Minuten garen.

Gefüllte Paprika mit mexikanischem Gemüse

Buchweizen-Schafskäselaibchen mit Beerenragout

250 g Buchweizen
500 ml Gemüsebrühe
30 g Reismehl
2 Eier
100 g Schafskäse
Salz, Pfeffer
Majoran, Schnittlauch
1 EL Olivenöl

Ragout
400 g frische Beerenmischung (oder TK)
80 g Feinkristallzucker
½ Orange (Schale)
Vanillezucker
4 cl Rotwein
1 EL Stärkemehl
50 ml Schlagobers

Den DG bzw. Kombi-DG auf 100° C vorheizen.

Den Buchweizen abspülen und in einen ungelochten Garbehälter geben. Die Gemüsebrühe dazugießen und im DG bzw. Kombi-DG bei 100° C 35 Minuten dämpfen.

Den Buchweizen etwas überkühlen lassen, das Reismehl und die Eier dazugeben.

Den Schafskäse in kleine Würfel schneiden und ebenfalls untermischen. Mit Salz, Pfeffer, Majoran und Schnittlauch würzen, alles gut miteinander vermengen.

Den Kombi-DG auf 180° C Kombidampf aufheizen.

Mit nassen Händen Laibchen aus der Buchweizenmasse formen und diese auf ein ungelochtes geöltes Garblech legen.

DG: Bei 100° C 18 Minuten dämpfen.

Kombi-DG: Bei 180° C Kombidampf 15 Minuten garen.

Währenddessen für das Beerenragout die Früchte mit Kristallzucker, geriebener Orangenschale, Vanillezucker und Rotwein aufkochen lassen. Das Stärkemehl mit dem Schlagobers verrühren und das Ragout damit binden. Vom Herd nehmen.

Die Laibchen mit dem Ragout umkränzt anrichten.

Buchweizen-Schafskäselaibchen mit Beerenragout

Kabeljau-Lachstürmchen auf Gerstotto

200 g Kabeljaufilet
200 g Lachsfilet
1 Zitrone (Saft)
Salz, bunter Pfeffer
100 g Rollgerste
250 ml Wasser
15 g gekörnte Gemüsebrühe
Salz, Pfeffer
Liebstöckel

Den DG bzw. Kombi-DG auf 100° C vorheizen.

Die Rollgerste kräftig abspülen und mit Wasser und den Gewürzen in einen ungelochten Garbehälter geben. Bei 100° C zunächst 18 Minuten dämpfen.

Die Kabeljau- und Lachsfilets mit Salz, Pfeffer und Zitronensaft würzen, dann jedes Filet in 8 gleichmäßige Stücke schneiden (je 1 Längsschnitt und 3 Querschnitte). Nun die Stücke abwechselnd zu einem Türmchen aufbauen, diese auf ein ungelochtes Garblech legen.

Dann den DG bzw. Kombi-DG auf 85° C zurückschalten und den Fisch gemeinsam mit der Rollgerste weitere 10 Minuten dämpfen.

Tipp

Beim Gerstotto können Sie je nach Lust und Laune auch klein geschnittenes Gemüse dazugeben.

Vegetarisch gefüllte Kohlrabi

Den DG bzw. Kombi-DG auf 100° C vorheizen.

In einem ungelochten Garbehälter den Emmerreis, die heiße Gemüsebrühe und etwas Salz vermengen.

Im DG bzw. Kombi-DG bei 100° C 20 Minuten dämpfen (Vollkornreis 45 Minuten).

In der Zwischenzeit die Karotte und die Gelbe Rübe schälen und gemeinsam mit dem Zucchini in kleine Würfel schneiden. Das geschnittene Gemüse und die geschälten Kohlrabi im Ganzen auf ein gelochtes Garblech geben und während der letzten 10 Minuten mit dem Emmerreis dämpfen.

Danach die Kohlrabi und das Gemüse sofort kalt abschrecken.

Kohlrabi mit einem Kugelausstecher aushöhlen. Das Fruchtfleisch mit dem Schlagobers, dem Weißwein, gekörnter Gemüsebrühe, Salz und Pfeffer in einen ungelochten Garbehälter geben und 8 Minuten bei 100° C dämpfen.

Nun die Gemüsewürfel mit dem geriebenen Almkäse und dem Emmerreis vermengen und mit Salz, Pfeffer, geriebener Muskatnuss würzen. Die Reismasse in die ausgehöhlten Kohlrabi füllen, diese auf ein ungelochtes Garblech geben.

DG bzw. Kombi-DG Bei 100° C 25 Minuten dämpfen.

Inzwischen das zuvor gedämpfte Kohlrabifruchtfleisch mit dem Tomatenmark in einem Standmixer (oder mit dem Stabmixer) fein mixen. Mit Salz und Pfeffer abschmecken und als Sauce zu den gefüllten Kohlrabi anrichten.

- 8 mittlere Kohlrabi
- 150 g Emmerreis (alternativ Vollkorn- oder Einkornreis)
- 300 ml heiße Gemüsebrühe
- 1 Karotte
- 1 Gelbe Rübe
- ½ Zucchini
- 200 g Schlagobers
- 100 ml Weißwein
- 1 TL gekörnte Gemüsebrühe
- 150 g Almkäse, gerieben
- 20 g Tomatenmark
- Salz, Pfeffer, geriebene Muskatnuss

Knödeltimbale auf Linsenragout

500 g Linsen
1 l Wasser
200 g Semmelwürfel
250 ml Milch
60 g Zwiebel, fein gehackt
80 g weiche Butter
Muskatnuss
3 Eier
1 Bd. Suppengemüse (Karotte, Sellerie-
wurzel, Petersilienwurzel, Lauch)
750 ml Gemüsebrühe
Salz, Pfeffer
1 Knoblauchzehe, zerdrückt
Petersilie

Die Linsen 8 Stunden in Wasser einweichen.

Den DG bzw. Kombi-DG auf 100° C vorheizen.

Die eingeweichten Linsen abgießen, in einen ungelochten Garbehälter geben und mit 1 Liter Wasser aufgießen. Bei 100° C 25 Minuten dämpfen, danach abspülen.

Für das Timbale die Zwiebeln in 1 EL Butter anschwitzen lassen. Die Semmelwürfel mit Milch übergießen, salzen und durchmischen. Die restliche Butter schaumig rühren. Mit frisch geriebener Muskatnuss würzen.

Die Eier verschlagen und nach und nach zur Butter geben. Die Butter-Ei-Mischung und die Zwiebeln unter die Semmelwürfel mengen und alles gut durcharbeiten. Die Masse leicht zusammendrücken und 30 Minuten ziehen lassen.

Das Suppengemüse putzen und waschen. Karotten, Sellerie und Petersilienwurzel in Würfel, Lauch in Ringe schneiden. Selleriegrün waschen und hacken. Das Gemüse auf ein gelochtes Garblech geben und im DG bei 100° C 10 Minuten dämpfen.

Die Gemüsebrühe in einem Topf erwärmen, die Linsen sowie das Gemüse dazugeben. Alles ca. 5 Minuten köcheln lassen. Ragout mit Salz, Pfeffer, Knoblauch, Petersilie und Selleriegrün würzen und abschmecken.

Timbaleformen mit kaltem Wasser ausspülen und die Knödelmasse einfüllen. Leicht andrücken, die Form samt Inhalt auf ein geöltes ungelochtes Garblech stürzen und die Form wieder abziehen. Bei jeder Portion gleich vorgehen. (Genauso gut kann man einen Vorspeisenring zur Herstellung verwenden, notfalls eine Kaffeetasse.)

DG bzw. Kombi-DG: Bei 100° C 15 Minuten dämpfen. Dann gemeinsam mit dem Linsenragout anrichten.

Knödeltimbale auf Linsenragout

Zartweizen

Zartweizen ist vorgegarter Weizen und hat deshalb eine besonders kurze Zubereitungszeit. So kommt rasch Getreide auf Ihren Speiseplan, und der Zartweizen eignet sich hervorragend als Beilage. Die hellen, zarten Körnchen des Zartweizens sind in süßen Varianten bei Kindern äußerst beliebt.

Zartweizen

Zartweizen mit Spinat

200 g Zartweizen
400 ml heiße Gemüsebrühe (oder Wasser)
100 g Blattspinat (TK)
Salz, Pfeffer
Knoblauch

Den DG bzw. Kombi-DG auf 80° C vorheizen.

Den tiefgekühlten Spinat auf ein gelochtes Garblech geben und bei 80° C 10 Minuten auftauen. (Bei Verwendung von frischem Spinat diesen nur 2 Minuten bei 95° C blanchieren.)

Zartweizen mit der Gemüsebrühe und Blattspinat vermischen, mit Salz, Pfeffer und Knoblauch würzen und im DG bzw. Kombi-DG bei 100° C 12 Minuten dämpfen.

Kräuter-Zartweizen

200 g Zartweizen
400 ml heiße Gemüsebrühe (oder Wasser)
frische Kräuter der Saison, fein gehackt (z. B. Petersilie, Kerbel, Schnittlauch)
Salz, Pfeffer

Den DG bzw. Kombi-DG auf 100° C vorheizen.

Zartweizen mit der Gemüsebrühe in einen ungelochten Garbehälter geben und bei 100° C 12 Minuten dämpfen. Anschließend die frischen Kräuter untermischen und mit Salz und Pfeffer abschmecken.

Zartweizen mit Gemüse

100 g Zartweizen
200 ml heiße Gemüsebrühe oder Wasser
300 g frisches Gemüse nach Belieben (oder TK)
Salz, Schabzigerklee

Den DG bzw. Kombi-DG auf 100° C vorheizen.

Zartweizen mit der Gemüsebrühe in einen ungelochten Garbehälter geben und salzen. Gemüse putzen, klein schneiden, mit Salz und Schabzigerklee würzen, alles vermischen und bei 100° C 12 Minuten dämpfen.

Süßer Zartweizen mit Beeren der Saison

150 g Zartweizen
300 ml Milch
½ Vanilleschote
Salz
200 g frische Beeren der Saison
Staubzucker

Den DG bzw. Kombi-DG auf 100° C vorheizen.

Zartweizen mit der Milch in einen ungelochten Garbehälter geben, die Vanilleschote auskratzen und das Vanillemark dazugeben, salzen. Bei 100° C 20 Minuten dämpfen.

Den Zartweizen auf einen Teller geben und mit Beeren anrichten. Mit Staubzucker bestreuen.

Multitalent-Rezept

Polenta

Polenta ist ein Liebling der modernen Küche – ob cremig, gestürzt, geschnitten, gebraten, überbacken, kugelig oder nockenförmig portioniert. Gerichte aus Maisgrieß sind als Beilage ebenso ideal wie als Hauptgericht. Versuchen Sie Polenta auch als Boden für Pizza oder süße Tartes.

Polentaschnitte

Polenta-Grundrezept

500 ml Milch
80 g Polenta
3 g Salz
1 EL Butter, flüssig
50 g Parmesan (gerieben)
3 EL Sauerrahm

Den DG bzw. Kombi-DG auf 100° C vorheizen.

Milch und Polenta in einen ungelochten Garbehälter geben, salzen und 25 Minuten dämpfen.

In die gedämpfte Polenta Butter einrühren, geriebenen Parmesan und Sauerrahm untermischen.

Gratinierte Polentaecken

Polenta laut Grundrezept

Zum Belegen, beispielsweise:
Blattspinat und Gorgonzola
Tomate und Mozzarella
Gemüse und Schafskäse
Mortadella, Tomate und Mozzarella

Die gedämpfte Polenta auf ein ungelochtes Garblech streichen und in gleichmäßige Rechtecke schneiden.

Die Polentaecken im vorgeheizten Kombi-DG oder Backrohr 12 Minuten gratinieren (220° C Grillfunktion).

Tipp: Beim Belegen der Polentaecken sind der Phantasie keine Grenzen gesetzt. Perfekt, um Übriggebliebenes zu verwerten!

Kräuterpolenta

Polenta laut Grundrezept
2 EL frische Kräuter, gehackt (z. B. Petersilie, Schnittlauch, Oregano, Kerbel, Thymian)

In die gedämpfte Polenta die Kräutermischung einrühren.

Hanf- oder Sesampolentaschnitten

Polenta laut Grundrezept
100 g Hanfkörner, geschält (oder Sesamkörner)

Die gedämpfte Polenta auf ein ungelochtes Garblech streichen und in gleichmäßige Rechtecke schneiden.

Die ausgekühlten Stücke erst in Mehl, dann in verschlagenem Ei wenden und schließlich in geschälte Hanf- oder Sesamkörner drücken.

Im vorgeheizten Kombi-DG bei 180° C trockene Hitze bzw. im Backrohr bei 180° C 12 Minuten braten.

Couscous

Keine Beilage zum Essen? Kein Grund, die Nerven zu verlieren – schneller als hier geht's kaum. Längst ist Couscous auch bei uns gang und gäbe. Nicht nur, weil er kinderleicht zuzubereiten ist, sondern weil er allzu gerne jedes Gewürz annimmt und so besonders abwechslungsreich einsetzbar ist. Couscous, also vorgegarter, geschroteter Weizen, ist – heiß aufgegossen – im Handumdrehen fertig.

Frühlingscouscous mit Joghurtsauce

Frühlingscouscous mit Joghurtsauce

250 g Couscous
500 ml heiße Gemüsebrühe, gut gewürzt
4 Safranfäden
Salz, Pfeffer
1 Msp. Kreuzkümmel
Chili aus der Mühle

150 g Schafskäse
100 g Zuckererbsenschoten
100 g Zucchini
1 Paprika rot
1 Paprika gelb
1 Zwiebel
1 Knoblauchzehe
3 Zweige Minze
1 Handvoll Bärlauch (oder Basilikum)
1 EL Hanföl
50 g Hanfsamen, geschält

Sauce
500 ml Joghurt
½ Zitrone (Saft)
Salz, Pfeffer

Den DG bzw. Kombi-DG auf 100° C vorheizen.

Die Paprika entkernen, die Trennwände ausschneiden, in grobe Würfel schneiden. Zuckererbsenschoten nach Bedarf halbieren. Zwiebel und Knoblauch abziehen und in feine Würfel schneiden. Zucchini waschen und in kleine Würfel schneiden. Das Gemüse auf gelochtes Garblech legen.

Den Couscous mit der heißen Gemüsebrühe und den Safranfäden (wenn vorhanden, gelingt aber auch ohne Safran) in eine ungelochte Garschale geben, mit Salz, Pfeffer, Kreuzkümmel und frisch gemahlenem Chili würzen.

Alles im DG bzw. Kombi-DG bei 100° C 8 Minuten dämpfen.

Für die Joghurtsauce Joghurt mit Salz, Pfeffer und Zitronensaft glatt rühren.

Den Schafskäse in kleine Würfel schneiden. Minze und Bärlauch grob hacken. Hanfnüsse in einer Pfanne ohne Fett rösten.

Gemüse und Couscous aus dem DG bzw. Kombi-DG nehmen und mit Schafskäse, Minze, Bärlauch und Hanföl vermengen.

Alles auf Tellern anrichten, mit den Hanfnüssen bestreuen und mit der Joghurtsauce servieren.

Couscous mit Pesto

250 g Couscous
400 ml heiße Gemüsebrühe
2 EL Pesto (z. B. Basilikum- oder Tomatenpesto)
Salz, Petersilie

Den DG bzw. Kombi-DG auf 80° C vorheizen.

Couscous in einen ungelochten Garbehälter geben und mit der heißen Gemüsebrühe übergießen und würzen. Im DG bzw. Kombi-DG bei 80° C 5 Minuten quellen lassen, dann mit dem Pesto mischen.

Warmes Couscous-Frühstück

250 g Couscous
400 ml heiße Milch
50 g Müsli
50 g Rosinen
1 EL Honig
1 EL Hanföl

Den DG bzw. Kombi-DG auf 80° C vorheizen.

Couscous in einen ungelochten Garbehälter geben und mit der heißen Milch übergießen, die Rosinen dazugeben und im DG bzw. Kombi-DG bei 80° C 5 Minuten quellen lassen. Danach das Müsli, den Honig und das Hanföl untermischen.

Tipp

Der Jahreszeit entsprechend können Sie auch frisches Obst in den fertigen Couscous mischen.

Couscous mit Pastasauce

250 g Couscous
400 ml heiße Gemüsebrühe
Salz, Pfeffer

Den DG auf 100° C bzw. den Kombi-DG auf 140° C Kombidampf vorheizen.

Couscous in einen ungelochten Garbehälter geben und mit der heißen Gemüsebrühe übergießen und würzen.
Gleichzeitig eine der selbst gemachten Pastasaucen (siehe Rezepte ab Seite 94) in einen ungelochten Garbehälter geben.

Kombi-DG: Bei 100° C 12 Minuten regenerieren. Den Couscous während der letzten 5 Minuten einschieben.

Kombi-DG: Bei 140° C Kombidampf 7 Minuten, Couscous 5 Minuten.

Kartoffeln

Als wäre der Dampfgarer eigens für Kartoffeln geschaffen worden! Mit seinem wunderbar natürlichen Geschmack dankt dieses Gemüse für die schonende Zubereitungsmethode. Direkt aus dem Dampfgarer ist die Knolle, einfach geschält genossen, basisch und hat pro 100 Gramm schlichte 16 Kalorien.

Kartoffelgratin

Kartoffelgratin

800 g festkochende Kartoffeln
250 ml Milch
250 ml Schlagobers
50 g Alpenkäse, gerieben
1 EL Butter
Salz, Pfeffer
Muskatnuss, gerieben
1 EL Butter für die Form

Den DG auf 100° C vorheizen. Das Backrohr auf 220° C Grillfunktion vorheizen.

Den Kombi-DG auf 180° C trockene Hitze vorheizen.

Milch und Schlagobers in einem Topf auf 2/3 der Flüssigkeit einkochen. Mit Salz, Pfeffer und Muskatnuss würzen.

Die rohen Kartoffeln schälen und in dünne Scheiben hobeln. Eine Auflaufform mit Butter befetten. Kartoffeln schuppenförmig einschichten und mit dem Schlagobersgemisch übergießen. Mit Käse bestreuen und die Butter in Flöckchen darüber verteilen.

DG: Bei 100° C 50 Minuten dämpfen, im Backrohr weitere 10 Minuten Farbe nehmen lassen.

Kombi-DG: Bei 180° C trockene Hitze 35 Minuten backen.

Stürzkartoffeln

600 g Kartoffeln, gedämpft und geschält
3 EL Sauerrahm
1 EL Olivenöl
Salz, Muskatnuss gerieben

Den DG auf 100° C bzw. den Kombi-DG auf 160° C Kombidampf vorheizen.

Die Kartoffeln grob aufreiben, salzen und mit Muskatnuss würzen. Den Sauerrahm unterrühren und mit einer Eiszange Portionen von der Masse abstechen. Diese Kartoffelportionen auf ein geöltes Garblech geben.

DG: Bei 100° C 15 Minuten dämpfen.

Kombi-DG: Bei 160° C Kombidampf 10 Minuten garen.

Kräuterkartoffeln

600 g Kartoffeln
z. B. frische Rosmarin-, Thymian- oder Salbeizweige
1 EL Olivenöl
Salz

Den DG auf 100° C bzw. den Kombi-DG auf 180° C Kombidampf vorheizen.

Die Kartoffeln waschen und halbieren. Die Kräuter abzupfen, auf das geölte Garblech streuen, die Kartoffeln mit der Schnittfläche nach unten darauf verteilen und salzen.

DG: Bei 100° C 55 Minuten dämpfen.

Kombi-DG: Bei 180° C Kombidampf 40 Minuten garen.

Gebackene Kartoffelwürfel

600 g Kartoffeln, gedämpft und geschält
2 EL Butter
Salz

Den DG bzw. Kombi-DG auf 100° C vorheizen.

Die Kartoffeln schälen, halbieren und 55 Minuten bei 100° C dämpfen.

Das Backrohr auf 220° C Grillfunktion bzw. den Kombi-DG auf 220° C Grillfunktion vorheizen.

Die ausgekühlten Kartoffeln in kleine Würfel (ca. 1,5 x 1, 5 cm) schneiden und auf ein Backblech bzw. Garblech geben. Die Butter in Flöckchen darüber verteilen, salzen.
Im Backrohr bzw. Kombi-DG 15 Minuten backen.

Mehr Zeit zum Kochen

MEHRZEITZUMKOCHEN

Sie schätzen Selbstgekochtes und gönnen sich und Ihrer Familie nur das Beste? Sie lieben es, Freunde einzuladen und nach Herzenslust mehrgängig zu schlemmen? Dann ist dieses Kapitel goldrichtig. Verführerisch: Frische Pastasaucen zum sofort Verschmausen – oder für später haltbar gemacht. Und erst der Duft und Genuss von frisch zubereitetem Gebäck! Für einen gelungenen Abend mit erfreuten Gästen und entspannten Gastgebern lassen Sie sich Schritt für Schritt durch unsere „Perfekten Dinner" begleiten.

Pastasaucen

Wer liebt sie nicht? Die italienische Pasta mit ihrer unglaublichen Vielfalt ist Nahrung für unsere Seele! Pasta wärmt und ist ein Liebkind der ganzen Familie, auch weil sie gut sättigend ist.
Hier zeigen wir einige Kreationen, die perfekt sind zum gleich Verwenden oder zum Haltbarmachen. Nutzen Sie den Dampfgarer bzw. Kombi-Dampfgarer und zaubern Sie Ihre Lieblingspastasaucen für die Ruck-Zuck-Küche.

All'Arrabbiata

1 kg Tomaten (oder Tomatenwürfel aus der Dose)
2 Zwiebeln
4 Knoblauchzehen
2 rote Chili (scharf)
1 EL Olivenöl
Salz, Pfeffer
Oregano, Basilikum
3 Schraubdeckelgläser zu 480 ml (ergibt 2 Portionen pro Glas)

Den DG bzw. **Kombi-DG** auf 100° C vorheizen.

Gläser und Deckel bei 100° C 15 Minuten sterilisieren.

Die Tomaten einritzen bei 100° C 2 Minuten dämpfen. Danach sofort kalt abschrecken. Tomaten häuten und würfeln.

Die Zwiebel abziehen und in kleine Würfel schneiden. Knoblauch abziehen und fein hacken, den Chili in kleine Ringe schneiden.

In einem Topf das Öl erhitzen und die Zwiebel mit Chili und Knoblauch darin anschwitzen. Nun die Tomaten dazugeben, salzen, pfeffern und 15 Minuten köcheln lassen.

Die Sauce mit Oregano und Basilikum würzen, nochmals abschmecken und in die heißen, sterilisierten Gläser abfüllen. Die Gläser sofort verschließen und 15 Minuten auf den Kopf stellen.

Sauce Arrabbiata
650 ml

Puttanesca

1 kg Tomaten (oder Tomatenwürfel aus der Dose)
2 Zwiebeln
3 Knoblauchzehen
1 roter Chili (scharf)
3 Kapern
6 Sardellenfilets (eingelegt)
150 g schwarze Oliven, entkernt
1 EL Olivenöl
Salz, Pfeffer
Oregano, Basilikum
3 Schraubdeckelgläser zu 480 ml (ergibt 2 Portionen pro Glas)

Den DG bzw. Kombi-DG auf 100° C vorheizen.

Gläser und Deckel bei 100° C 15 Minuten sterilisieren.

Die Tomaten einritzen und bei 100° C 2 Minuten dämpfen. Danach sofort kalt abschrecken. Tomaten häuten und würfeln.

Die Zwiebel abziehen und klein schneiden. Knoblauch abziehen und fein hacken. Den Chili in feine Ringe schneiden, die Kapern fein hacken, die Sardellenfilets und Oliven in kleine Würfel schneiden.

In einem Topf das Öl erhitzen und die Zwiebel mit Chili, Knoblauch, Sardellen, Kapern und Oliven darin anschwitzen. Nun die Tomaten dazugeben, salzen, pfeffern und 15 Minuten köcheln lassen.

Die Sauce mit Oregano und Basilikum würzen, nochmals abschmecken und in die heißen, sterilisierten Gläser abfüllen.

Die Gläser sofort verschließen und 15 Minuten auf den Kopf stellen.

Cacciatore

1 kg Tomaten (oder Tomatenwürfel aus der Dose)
300 g Eierschwammerl oder Champignons
100 g Frühstücksspeck
2 Zwiebeln
3 Knoblauchzehen
1 EL Olivenöl
Salz, Pfeffer
Oregano, Basilikum
1 Lorbeerblatt
3 Schraubdeckelgläser zu 480 ml (ergibt 2 Portionen pro Glas)

Den DG bzw. Kombi-DG auf 100° C vorheizen.

Gläser und Deckel bei 100° C 15 Minuten sterilisieren.

Die Tomaten einritzen und im DG bzw. Kombi-DG bei 100° C 2 Minuten dämpfen, danach sofort kalt abschrecken. Tomaten häuten, Kerne entfernen und das Fruchtfleisch würfeln.

Die Zwiebel abziehen und in kleine Würfel schneiden. Knoblauch abziehen und fein hacken. Die Pilze putzen – große halbieren, die kleinen ganz lassen. Den Frühstücksspeck in Streifen schneiden.

In einem Topf das Öl erhitzen, Speck, Zwiebel, Knoblauch und Lorbeerblatt darin anschwitzen, dann die Pilze dazugeben. So lange rösten, bis sie keine Flüssigkeit mehr abgeben.

Nun die Tomaten dazugeben, salzen, pfeffern und 15 Minuten köcheln lassen.

Die Sauce mit Oregano und Basilikum würzen, nochmals abschmecken und in die heißen, sterilisierten Gläser abfüllen. Sofort verschließen und 15 Minuten auf den Kopf stellen.

Alla Napoletana

1 kg Tomaten (oder Tomatenwürfel aus der Dose)
2 Zwiebeln
3 Knoblauchzehen
1 Karotte
200 g Frühstücksspeck
1 Stange Staudensellerie
1 EL Olivenöl
1/16 l Weißwein
Salz, Pfeffer
Oregano
1 Lorbeerblatt
3 Schraubdeckelgläser zu 480 ml (ergibt 2 Portionen pro Glas)

Den DG bzw. Kombi-DG auf 100° C vorheizen.

Gläser und Deckel bei 100° C 15 Minuten sterilisieren.

Die Tomaten einritzen und im DG bzw. Kombi-DG bei 100° C 2 Minuten dämpfen, danach sofort kalt abschrecken. Tomaten häuten und würfeln.

Die Zwiebeln abziehen und in kleine Würfel schneiden. Knoblauch abziehen und fein hacken. Die Karotte schälen und in kleine Würfel schneiden, den Speck ebenfalls in kleine Würfel schneiden. Von der Staudensellerie die Blätter entfernen, in kleine Stücke schneiden.

In einer Pfanne das Öl erhitzen, den Speck auslassen, dann das Gemüse beigeben und darin anschwitzen. Nun mit dem Weißwein ablöschen, aufkochen lassen und die Tomaten dazugeben. Mit Salz, Pfeffer, Oregano und Lorbeerblatt würzen und zu einer sämigen Sauce köcheln lassen.

Die fertige Sauce in die heißen, sterilisierten Gläser abfüllen. Sofort verschließen und 15 Minuten auf den Kopf stellen.

Gamberi

500 g Riesengarnelen (auch TK)
1 Zwiebel
2 Knoblauchzehen
1 EL Olivenöl
100 ml Weißwein
200 ml Gemüsebrühe, gut gewürzt
250 ml Schlagobers
Salz, Pfeffer
Petersilie
3 Schraubdeckelgläser zu 480 ml (ergibt 2 Portionen pro Glas)

Den DG bzw. Kombi-DG auf 100° C vorheizen.

Die Riesengarnelen wenn nötig auftauen lassen, waschen.

Die Zwiebel abziehen und in kleine Würfel schneiden. Den Knoblauch abziehen und fein hacken.

In einem Topf das Öl erhitzen, Zwiebel, Knoblauch und Scampi darin anschwitzen. Mit dem Weißwein ablöschen und aufkochen lassen. Mit der Gemüsebrühe und dem Schlagobers aufgießen und sämig einkochen. Mit Salz, Pfeffer und Petersilie würzen.

Die fertige Sauce in die heißen, sterilisierten Gläser abfüllen. Sofort verschließen und 15 Minuten auf den Kopf stellen.

Tipp

Schlagoberssaucen sind maximal 10 Tage gekühlt haltbar.

Brot und Gebäck

Es ist unbestritten – der Germteig (aber auch der Blätterteig) fühlen sich im feuchtwarmen Klima am wohlsten. Da kann er so richtig zeigen, welche Kraft in ihm steckt. Daher ist es nur logisch, dass Brot und Gebäck aus Germteig oder Blätterteig im Dampfgarer bzw. Kombi-Dampfgarer bestens gelingen.

Herzhaftes Dinkelvollkornbrot

300 g Dinkelvollkornmehl
300 ml Wasser, lauwarm
150 g Dinkelgrieß
100 g Hanfkörner, geschält (oder Sesam)
20 g Zucker
1 Pkg. Trockengerm
1 Eidotter, verschlagen
1 TL Olivenöl
1 TL Salz
½ TL Brotgewürz
Backpapier

Den DG bzw. Kombi-DG auf 40° C vorheizen.

Das Salz und das Brotgewürz mit dem Wasser erwärmen.

Mehl und Grieß in eine Rührschüssel (einer Küchenmaschine) geben und die Trockengerm dazugeben. Das warme Gewürzwasser, Zucker und Olivenöl beimengen und die Masse mit dem Knethaken zu einem elastischen, aber noch klebrigen Teig rühren.

Auf ein mit Backpapier belegtes ungelochtes Garblech geben und im DG bzw. Kombi-DG bei 40° C (Dampf) ca. 30 Minuten gehen lassen.

DG: Auf 100° C aufheizen, gleichzeitig das Backrohr auf 220° C Umluft einschalten.

Kombi-DG: Auf 100° C aufheizen.

Den Teig auf eine bemehlte Arbeitsplatte geben und mit den Händen zu einem Rechteck formen. Die beiden kurzen Seiten nach innen schlagen und den Teig wie einen Strudel aufrollen.

Den Brotteig zurück auf das mit Backpapier ausgelegte Garblech legen. Mit einem scharfen Messer einen Längsschnitt in das Brot machen, mit dem Eidotter bestreichen. Den Hanf darüberstreuen. Den Teig nochmals im DG bzw. Kombi-DG 10 Minuten bei 100° C gehen lassen.

Den Kombi-DG auf 220° C trockene Hitze aufheizen.

Backrohr: Bei 200° C 20 Minuten backen.

Kombi-DG: bei 220° C trockener Hitze 20 Minuten backen.

Herzhaftes Dinkelvollkornbrot

Knuspriges Baguette

450 g Dinkelmehl weiß (Type 480)
250 ml Wasser, lauwarm
50 ml Milch, lauwarm
1 Pkg. Trockengerm
1 EL Olivenöl
1 TL Salz
½ TL Zucker
Backpapier

Den DG bzw. Kombi-DG auf 40° C vorheizen. Das Backrohr auf 220° C Umluft einschalten.

Das Dinkelmehl mit Trockengerm, Zucker und Salz am besten in einer Küchenmaschine vermischen. Nun das lauwarme Wasser, das Olivenöl und die Milch langsam zufügen und ca. 5 Minuten durchkneten.

Ein ungelochtes Garblech mit Backpapier belegen.

Auf einer bemehlten Arbeitsfläche den Teig dritteln und jeden Teil leicht auswalken, dann wie einen Strudel einrollen. (So erhält man eine schöne Baguetteform.) Nun die Baguettes auf das vorbereitete Garblech legen, dabei ausreichend Platz zwischen den Teigstücken lassen. Bei 40° C 30 Minuten gehen lassen.

DG: Auf 100° C aufheizen und die Baguettes 10 Minuten anbacken.

Im Backrohr bei 220° C weitere 10 Minuten Farbe nehmen lassen.

Kombi-DG: Auf 220° C Kombidampf einstellen und die Baguettes 10 Minuten garen. Danach auf 220° C trockene Hitze umstellen und in weiteren 10 Minuten fertig backen.

Tipp

Das sonst übliche Bepinseln der Baguettes mit Wasser entfällt, weil man ohnehin mit Dampf arbeitet.

Knuspriges Baguette

Burgerbrötchen für Schlaue

500 g Dinkelvollkornmehl
260 ml Milch, lauwarm
100 g Hanfsamen, geschält
50 g Trockengerm
1 EL Haferflocken
1 TL Hanföl
1 TL Salz

Den DG bzw. Kombi-DG auf 40° C vorheizen. Das Backrohr auf 220° C Umluft einschalten.

Das Dinkelmehl mit der Trockengerm und dem Salz vermischen (am besten in einer Küchenmaschine). Nun 240 ml lauwarme Milch langsam zufügen und ca. 5 Minuten durchkneten.

Ein ungelochtes Garblech mit Hanföl auspinseln und den Teig bei 40° C ca. 30 Minuten im DG bzw. Kombi-DG gehen lassen, bis sich das Volumen verdoppelt hat.

Danach den Teig auf einer bemehlten Arbeitsfläche in 10 gleiche Stücke teilen. Diese mit der Hand zu Kugeln schleifen (formen), wieder auf das Blech legen. Mit der restlichen Milch bestreichen und den geschälten Hanfsamen sowie die Haferflocken darüberstreuen. Nun die Kugeln im DG bzw. Kombi-DG bei 40° C weitere 15 Minuten gehen lassen (das Volumen verdoppelt sich nochmals).

DG: Auf 100° C erhitzen und die Brötchen 25 Minuten dämpfen. Im vorgeheizten Backrohr bei 200° C 10 Minuten Farbe nehmen lassen.

Kombi-DG: Auf 220° C Kombidampf einstellen und die Brötchen 10 Minuten garen. Danach auf 220° C trockene Hitze umstellen und in weiteren 10 Minuten fertig backen.

Tipp

Diese Burgerbrötchen zählen eindeutig zu der so genannten Hirnnahrung. Sie sind leicht und gut verträglich. Dinkelvollkornmehl, Hanf und Haferflocken geben den nötigen Kick: durch alle essenziellen Aminosäuren und mehrfach ungesättigte Fettsäuren (Omega 3) im Hanf, die belebende Wirkung der Haferflocken, und reichlich Ballaststoffe.

Semmeln selbst gemacht

500 g Weizenmehl (glatt)
70 ml Milch, lauwarm
50 g Trockengerm
1 TL Feinkristallzucker
1 TL Salz
1 Eiklar

Den DG bzw. Kombi-DG auf 40° C vorheizen.

Die lauwarme Milch mit der Trockengerm, Zucker, Salz und der halben Mehlmenge vermischen und zu einem schmierigen Teig verkneten. Im DG bzw. Kombi-DG gehen lassen, bis sich das Volumen verdoppelt hat.
Dann das restliche Mehl beifügen, alles zu einem geschmeidigen Teig kneten und nochmals im DG bzw. Kombi-DG 10 Minuten gehen lassen.

Danach wieder kneten und in 60-g-Stücke teilen. Daraus Semmeln formen und auf einem mit Backpapier belegten Garblech erneut 10 Minuten gehen lassen. Mit dem Eiklar bestreichen.

Den DG auf 100° C und das Backrohr auf 200° C vorheizen.
Den Kombi-DG auf 160° C Kombidampf vorheizen.

DG: Bei 100° C 10 Minuten dämpfen. Danach im Backrohr bei 200° C 12 Minuten Farbe nehmen lassen.
Kombi-DG: Bei 160° C Kombidampf 6 Minuten backen, dann auf 200° C Trockenhitze umschalten und in weiteren 14 Minuten fertig backen.

Tipp

Es lohnt sich, gleich eine größere Menge zu produzieren. Dazu wie folgt vorgehen:
DG: Bei 100° C 8 Minuten dämpfen und im Backrohr bei 200° C 5 Minuten anbacken, herausnehmen und abkühlen lassen.
Kombi-DG: Bei 160° C 10 Minuten anbacken.
Die Semmeln auf dem Blech belassen und tiefkühlen. Am nächsten Tag die Gebäckstücke vom Blech nehmen und in eine Papiertüte füllen.

Bei Verwendung die tiefgekühlten Semmeln aufbacken:
Backrohr: Semmeln mit Wasser bestreichen und bei 200° C 10 Minuten backen.
Kombi-DG: Bei 160° C Kombidampf 4 Minuten backen, dann auf 220° C umschalten und in 6 Minuten fertig backen.

Perfektes Dinner Nr. 1

Vorspeise: Tofu mit Balsamico-Tomatenaroma mit Oliventapenade und Prosciutto
Suppe: Cappuccino von der Süßkartoffel
Hauptspeise: Rosa Rehrückenfilet aus dem Kamillendampf, dazu kleiner Gemüsemix und Kartoffel-Topfenauflauf
Dessert: Waldbeerensoufflé

Zeitplanung:

Am Vortag

- Die Vorspeise wie beschrieben vorbereiten.

Am Vormittag

- Die Suppe kochen und wie beschrieben kalt stellen.
- Das Waldbeerensoufflé zubereiten und bis zur Verwendung in den Tiefkühler geben.
- Den Kartoffel-Topfenauflauf zubereiten (ohne Backen), in den Garbehälter geben und bis zum Gebrauch mit Frischhaltefolie zudecken.

2 Stunden vorher

- Den Kartoffel-Topfenauflauf backen. Herausnehmen und in Alufolie warm halten.

40 Minuten vorher

- Das Reh, wie im Rezept beschrieben, in den Dampfgarer bzw. Kombi-Dampfgarer geben.

30 Minuten vorher

- Die Suppe erwärmen. Etwas Wasser auf 80° C erwärmen, den Sahneapparat hineinstellen. Suppe zwischendurch umrühren.

20 Minuten vorher

- Zum Fleisch das Gemüse und den Kartoffel-Topfenauflauf in den Dampfgarer bzw. Kombi-Dampfgarer geben.
- Das Backrohr auf 40° C aufheizen und die Teller darin warm halten.

Kurz vor Eintreffen der Gäste

- Schritt 6 der Vorspeise erledigen (im Dampfgarer bzw. Kombi-Dampfgarer befinden sich zur Zeit: Reh, Kartoffel-Topfenauflauf und das Gemüse).
- Die Suppe ist warm und servierbereit, sobald die Vorspeise gegessen wurde.
- Für die Hauptspeise den Kartoffel-Topfenauflauf aus dem Gerät nehmen, portionieren (ausstechen) und auf die Teller platzieren.
- Das Gemüse aus dem Gerät nehmen, würzen und ebenfalls auf die Teller geben.
- Den Rehrücken schräg schneiden und dazu anrichten, den Saft aus dem Garbehälter an das Fleisch geben.
- Gerät sofort nach dem Anrichten der Hauptspeise laut Rezept aufheizen und die tiefgekühlten Waldbeerensoufflés dämpfen.

Tofu mit Balsamico-Tomatenaroma, Oliventapenade und Prosciutto

200 g Tofu
4 Blatt Prosciutto
100 g Rucola
20 g dunkle Bio-Balsamicoglasur

Tomatenaroma
½ Zwiebel
1 TL Olivenöl
10 ml Balsamicoessig
20 g Tomatenmark
500 ml Gemüsebrühe (oder Wasser)
1 Knoblauchzehe
Salz, Pfeffer
Thymian, Oregano

Oliventapenade
250 g schwarze Oliven, entkernt
2 getrocknete Tomaten
1 Kapernbeere
1 Knoblauchzehe
1 Chili
2 EL Olivenöl
Pfeffer, Thymian

1 Einwegspritze

Schritt 1
Die Zwiebel abziehen und in feine Würfel schneiden. In einem Topf das Olivenöl erhitzen, den Zwiebel darin anschwitzen, mit Balsamico ablöschen, das Tomatenmark einrühren und mit der Gemüsebrühe auffüllen. Die Knoblauchzehe zerdrücken, in den Sud geben, mit Salz, Pfeffer, Thymian und Oregano würzen und auf die Hälfte reduzieren lassen. Den Tofu vorsichtig ausdrücken (entwässern), in 4 gleichmäßige Stücke teilen und für 1 Stunde in den warmen Sud legen.

Schritt 2
Den DG bzw. Kombi-DG auf 100° C vorheizen.

Schritt 3
Den Tofu herausnehmen, den Tomatensud passieren, die Flüssigkeit in eine Spritze füllen und den Tofu damit „impfen". Den Tofu in einen ungelochten Garbehälter legen und bei 100° C 8 Minuten dämpfen. Abkühlen lassen.

Schritt 4
Für die Tapenade alle Zutaten in einem Mixer zu einer cremigen Masse mixen. (Wenn nötig, noch etwas Olivenöl dazugeben).

Schritt 5
Die abgekühlten Tofustücke auf einen Teller geben, Tapenade in eine Schüssel füllen und beides mit Frischhaltefolie zudecken. Über Nacht in den Kühlschrank stellen.

Schritt 6
Den DG bzw. Kombi-DG auf 80° C vorheizen.
Den Tofu mit der Oliventapenade bestreichen, mit dem Prosciutto umwickeln und bei 80° C 5 Minuten erwärmen. Den Rucola auf den Teller geben, mit der Balsamicoglasur beträufeln und den lauwarmen Tofu daraufsetzen. Servieren.

Tofu mit Balsamico-Tomatenaroma, Oliventapenade und Prosciutto

Cappuccino von der Süßkartoffel

400 g Süßkartoffeln
400 ml Gemüsebrühe (oder Wasser)
300 ml Milch
200 ml Schlagobers
8 Cocktailtomaten
1 Zwiebel
1 Säckchen Kräutertee mit Lavendel (Teebeutel)
1 TL gekörnte Gemüsebrühe
Salz, Pfeffer

Weiters
Sahneapparat (z. B. iSi)
Lavendelblüten zur Dekoration

Schritt 1
Den DG bzw. Kombi-DG auf 100° C vorheizen.

Schritt 2
Die Süßkartoffeln schälen, in kleine Würfel schneiden und in einen ungelochten Garbehälter geben. Mit Gemüsebrühe und Milch aufgießen, mit der gekörnten Gemüsebrühe würzen.

Schritt 3
Die Zwiebel abziehen, in feine Würfel schneiden und zu den Kartoffeln geben. Das Kräutersäckchen und die Cocktailtomaten dazulegen, mit Salz und Pfeffer würzen.

Bei 100° C 20 Minuten dämpfen. Nach 10 Minuten die halbe Schlagobersmenge dazugeben und alles fertig dämpfen.

Die Cocktailtomaten herausheben und als Dekoration zur Seite geben. Das Kräuterteesäckchen entfernen und alles andere in einem Standmixer (oder mit dem Mixstab) fein mixen. Nochmals abschmecken.

Schritt 4
250 ml der so entstandenen Suppe in einen Sahneapparat geben, das restliche Schlagobers dazugießen, verschließen und eine Sahnekapsel in den Apparat geben. Zum Warmhalten etwas Wasser in einen Topf geben, auf 80° C erhitzen und den Sahneapparat hineinstellen. Die restliche Suppe in einen Topf gießen.

Schritt 5
Die Suppe in Gläser füllen, die Cocktailtomaten aufteilen, und mit dem Schaum aus dem Sahneapparat auffüllen. Mit einer Lavendelblüte dekorieren.

Tipp
Die Suppe lässt sich ideal (am Vortag) vorbereiten. Dazu den Topf mit der warmen Suppe mit Frischhaltefolie zudecken, damit sich keine Haut bilden kann.

Cappuccino von der Süßkartoffel

Rosa Rehrückenfilet aus dem Kamillendampf, dazu kleiner Gemüsemix und Kartoffel-Topfenauflauf

1,2 kg Rehrücken
100 ml Wasser
2 Kamillenteesäckchen (Teebeutel)
Salz, bunter Pfeffer

Gemüsebeilage (kann je nach Saison variieren)
200 g Zuckererbsenschoten
100 g kleine Karotten
100 g Brokkoli
200 g Frühlingszwiebeln
200 g Eierschwammerl (oder Egerlinge)
1 TL Olivenöl
Salz, Schabzigerklee

Auflauf
750 g Kartoffeln
500 g Topfen
100 g Gouda, gerieben
1 Ei
2 Eidotter
100 ml Milch
Salz, weißer Pfeffer
1 Prise Muskatnuss, gerieben
1 TL gekörnte Gemüsebrühe
2 Eiklar
1 TL Butter
2 EL Semmelbrösel

Schritt 1
Den DG bzw. Kombi-DG auf 100° C vorheizen und, wenn nötig, wieder mit Wasser befüllen.

Schritt 2
Für den Kartoffel-Topfenauflauf die Kartoffeln bei 100° C ca. 25 Minuten garen. Kalt abschrecken, schälen und in Scheiben schneiden.
Den Kombi-DG auf 200° C Kombidampf aufheizen.

Schritt 3
Topfen, 50 g Käse, Eidotter und Milch verrühren. Mit Salz, Muskatnuss, Pfeffer und der gekörnten Gemüsebrühe würzen. Eiklar und Salz steif schlagen und unter die Topfenmasse heben.

Schritt 4
4 Dariolförmchen (oder Kaffeetassen) mit Butter ausstreichen und mit den Semmelbröseln ausstreuen. Die Kartoffeln mit der Topfenmasse locker vermengen und einfüllen. Mit dem restlichen Käse bestreuen.

DG: Bei 100° C 55 Minuten dämpfen.

Kombi-DG: Bei 200° C Kombidampf 25 Minuten garen.

Schritt 5
Nach Fertigstellung des Kartoffel-Topfenauflaufs das Wasser mit dem Kamillenteesäckchen in ein ungelochtes Garblech geben und im DG bzw. Kombi-DG bei 100° C 5 Minuten dämpfen.

In der Zwischenzeit den Rehrücken waschen, von Sehnen und dem Silberhäutchen befreien und vom Knochen lösen. Mit Salz und buntem Pfeffer würzen.

Schritt 6
Nun die Rehrückenfilets nebeneinander auf den Gitterrost legen und über dem Garblech mit dem Kamillenwasser platzieren.

DG: Bei 100° C 5 Minuten dämpfen. Dann die Temperatur auf 80° C reduzieren und weitere 50 Minuten garen. (Bei der Niedrigtemperaturmethode messen Sie die Fleisch-Innentemperatur am besten mithilfe eines Bratenthermometers: Kerntemperatur 55° C.)

Kombi-DG: Den Kerntemperaturfühler mittig ins Fleisch setzen und auf 55° C Kerntemperatur einstellen. Zuerst bei 100° C 5 Minuten andämpfen und bei 80° C Kombidampf – Niedrigtemperatur garen, bis die gewünschte Kerntemperatur erreicht ist.

Schritt 7

Von den Frühlingszwiebeln Bart und Grün entfernen, nur das Weiße verwenden. Die Eierschwammerl putzen und große Stücke halbieren. Mit dem übrigen geputzten Gemüse in einen ungelochten Garbehälter geben, mit Olivenöl, Salz und Schabzigerklee würzen und während der letzten 12 Minuten zum Fleisch in den DG bzw. Kombi-DG geben.
Rehrücken schräg in Scheiben schneiden, mit dem Gemüse und dem Kartoffel-Topfenauflauf anrichten.

Rosa Rehrückenfilet aus dem Kamillendampf, dazu kleiner Gemüsemix und Kartoffel-Topfenauflauf

Rehrücken schneiden

Waldbeerensoufflé

40 g Himbeeren
40 g Walderdbeeren
2 cl Himbeergeist
2 Eidotter
2 EL Staubzucker
1 TL Stärkemehl
4 Eiklar
1 EL Kristallzucker

1 EL Butter
2 EL Kristallzucker

Schritt 1
Die Beeren in den Himbeergeist einlegen.

Schritt 2
Den **DG** bzw. **Kombi-DG** auf 100° C vorheizen.

Schritt 3
Die Souffléförmchen mit Butter bestreichen und mit Kristallzucker ausstreuen. Zwei Drittel der Beeren in die Förmchen verteilen.

Schritt 4
Die Eidotter mit dem Staubzucker schaumig rühren und das Stärkemehl unterheben. Die Eiklar mit dem Kristallzucker aufschlagen und mit den restlichen Beeren locker in die Dottermasse einrühren.

Schritt 5
Förmchen zu zwei Dritteln mit der Eimasse befüllen, mit Frischhaltefolie zudecken, auf ein ungelochtes Garblech stellen und sofort in den Tiefkühler geben. Bei Gebrauch herausnehmen und pochieren.

DG: Bei 100° C 40 Minuten garen.

Kombi-DG: Bei 200° C Kombidampf 30 Minuten garen.

Die Soufflés aus der Form stürzen und sofort servieren.

Tipp

Werden die Soufflés sofort nach Zubereitung verwendet (und nicht tiefgekühlt), reduziert sich die Garungszeit um 10 Minuten.

Waldbeerensoufflé

Perfektes Dinner Nr. 2

Vorspeise: Blätterteigröllchen gefüllt mit Avocadocreme
Suppe: Apfel-Selleriesuppe mit Selleriechip
Hauptspeise: Red Snapper mit Papaya im Pergament, dazu Pestognocchi
Dessert: Erdbeer-Nusstörtchen

Zeitplanung:

Am Vortag

- Die Blätterteigröllchen zubereiten.

1 Stunde vorher

- Die Avocadocreme in die Blätterteigröllchen füllen, den Schnittsalat waschen und trocken schleudern.
- Jetzt alles für die Hauptspeise von Schritt 8 bis 9 vorbereiten.
- Die Suppe erwärmen.
- Den Dampfgarer bzw. Kombi-Dampfgarer vorheizen.
- Das Backrohr auf 45° C aufheizen und die Teller darin erwärmen.
- Herdplatte einschalten und eine Pfanne für die Gnocchi bereitstellen.

Kurz vor Eintreffen der Gäste

- Den Schnittsalat auf Tellern anrichten und das Blätterteig-Avocadoröllchen daraufsetzen. Kurz vor dem Servieren die Balsamicocreme dekorativ über den Salat geben.
- Schritt 10 der Hauptspeise erledigen.
- Die Suppe ist heiß und kann jederzeit serviert werden.
- Während die Suppe gegessen wird, die Hauptspeise in den Dampfgarer geben. Beim Kombi-Dampfgarer genügt es, die Hauptspeise nach dem Abservieren der Suppe in das Gerät zu geben.
- Die Gnocchi in der vorbereiteten Pfanne erwärmen und das Pesto untermischen. Alles gemeinsam mit dem Fisch auf die warmen Teller platzieren.
- Die Törtchen fertig dekorieren und anrichten.

Blätterteigröllchen gefüllt mit Avocado-creme

1 Pkg. Blätterteig (270 g)
2 EL Butter
2 Eidotter

Backpapier
kleine Schaumrollenformen

Creme
2 Avocados
100 g Frischkäse
1 Limette (Saft)
Salz, Pfeffer, Chili
2 Handvoll Schnittsalat
20 g dunkle Bio-Balsamicoglasur

Schritt 1

Den DG bzw. Kombi-DG auf 100° C vorheizen. Das Backrohr auf 190° C vorheizen.

Schritt 2

Den Blätterteig in ca. 2 cm breite Streifen schneiden und diese überlappend um die bebutterten Schaumrollenformen wickeln. Nun den Teig mit verschlagenem Eidotter bestreichen und die Rollen auf ein ungelochtes, mit Backpapier ausgelegtes Garblech geben.

DG: Bei 100° C 3 Minuten dämpfen, herausnehmen und im Backrohr bei 190° C goldgelb backen.

Kombi-DG: Bei 100° C 3 Minuten dämpfen, dann bei 190° C trockene Hitze in ca. 18 Minuten goldgelb backen.
Die Förmchen auskühlen lassen und erst dann die Blätterteigröllchen vorsichtig abstreifen.

Schritt 3

Die Avocados längs halbieren, die zwei Hälften verdrehen, den Kern herausheben und das Fruchtfleisch mit einem Esslöffel auslösen. Mit einer Gabel zerdrücken. Sofort gemeinsam mit Limettensaft und Frischkäse mit dem Stabmixer pürieren. Mit Pfeffer, Salz und Chili würzen.

Schritt 4

Die Avocadocreme mithilfe eines Spritzsacks in die Blätterteigröllchen spritzen.

Schritt 5

Teller mit Schnittsalat auslegen, mit Balsamicoglasur beträufeln, und je ein Blätterteigröllchen daraufsetzen.

Blätterteigröllchen gefüllt mit Avocadocreme

Apfel-Selleriesuppe mit Selleriechip

500 g Sellerie
1 Apfel
1 Kartoffel
100 ml Apfelsaft
100 ml Schlagobers
500 ml Gemüsebrühe (oder Wasser)
1 EL gekörnte Gemüsebrühe
Salz

Chips
100 g Sellerie
250 ml Olivenöl

Schritt 1
Den DG bzw. Kombi-DG auf 100° C vorheizen.

Schritt 2
Sellerie, Apfel und Kartoffel schälen und in grobe Würfel schneiden. Sellerie- und Kartoffelwürfel in einen ungelochten Garbehälter geben und bei 100° C 5 Minuten dämpfen.

Schritt 3
Nun die Apfelwürfel, den Apfelsaft, das Schlagobers sowie die Gemüsebrühe, die gekörnte Gemüsebrühe und Salz dazugeben: Weitere 10 Minuten dämpfen. Danach die Suppe mit dem Stabmixer (oder im Standmixer) fein pürieren und nochmals abschmecken.

Schritt 4
Für die Selleriechips die Sellerie in dünne Scheiben schneiden und in heißem Fett zu Chips frittieren, kurz auf Küchenpapier abtropfen lassen, dann zur Suppe reichen.

Apfel-Selleriesuppe mit Selleriechip

Red Snapper mit Papaya im Pergament, dazu Pestognocchi

4 Red Snapper-Filets
1 Banane
1 Papaya
1 Zwiebel
1 roter Chili
1 Jungzwiebelgrün
4 Knoblauchzehen
12 Cranberrys
½ Zitrone (Saft)
1 Orange (Saft)
8 cl Weißwein (Riesling)
Salz, Pfeffer
4 Blatt Pergament (oder doppelt Backpapier)

Gnocchi
750 g mehlige Kartoffeln
1 Ei, verschlagen
50 g Parmesan, gerieben
1 Prise Muskatnuss, gerieben
1 ½ TL Salz
225 g Mehl + für die Arbeitsfläche
Backpapier

Pesto
200 g getrocknete Tomaten (in Öl eingelegt)
80 g Pinienkerne
100 ml Gemüsebrühe
50 g Parmesan, gerieben
15 Blätter frischer Basilikum
2 Knoblauchzehen
1 roter Chili
1 EL Tomatenmark
Salz

Schritt 1
Den DG bzw. Kombi-DG auf 95° C vorheizen.

Schritt 2
Für die Gnocchi, die sich sehr gut vorbereiten lassen, Kartoffeln in der Schale kochen, schälen, heiß passieren und etwas auskühlen lassen.
Ei, Parmesan, Muskatnuss, Salz und Mehl daruntermischen. Den Teig ruhen lassen.

Schritt 3
Währenddessen für das Pesto die Pinienkerne in einer Pfanne trocken rösten oder im Backrohr bzw. Kombi-Dampfgarer auf einem ungelochten Garblech kurz grillen. Dabei die Pinienkerne immer wieder rütteln, damit sie nicht verbrennen.

Schritt 4
Den Knoblauch abziehen und grob schneiden, den Chili aufschneiden und die Kerne entfernen. Die getrockneten, eingelegten Tomaten abtropfen lassen, Basilikum, Pinienkerne, Salz, Parmesan, Gemüsebrühe und Tomatenmark mit dem Stab- oder im Standmixer und zu einer cremigen Masse mixen.

Schritt 5
Nun für die Gnocchi aus dem Teig fingerdicke Rollen formen, in 2–3 cm lange Stücke schneiden und mit Daumendruck über die Zinken einer Gabel rollen.

Schritt 6
Ein Blech mit Backpapier auslegen, dabei mit einer Gabel Löcher einstechen (der Dampf kann besser durchdringen und die Gnocchi lassen sich später leichter vom Papier lösen). Nun die Gnocchi auflegen und bei 95° C 8 Minuten ziehen lassen. Abkühlen lassen.

Schritt 7
Den **Kombi-DG** auf 160° C Kombidampf umschalten.

Schritt 8
Die gewaschenen Fischfilets mit Salz und dem Pfeffer würzen.
Die Banane schälen, in Scheiben schneiden und mit dem Zitronensaft marinieren. Die Papaya schälen, der Länge nach durchschneiden, die Kerne entfernen und in grobe Würfel schneiden.
Die Zwiebel abziehen und gemeinsam mit dem Chili in Ringe schneiden. Das Jungzwiebelgrün in feine Ringe schneiden. Den Knoblauch in feine Scheiben schneiden.

Schritt 9
Bananenscheiben, Papayawürfel, Zwiebelringe, Chiliringe, Knoblauchscheiben und je 3 Cranberrys sowie die Jungzwiebelringe auf den Pergamentbogen verteilen und die gewürzten Fischfilets darauflegen.

Schritt 10
Das Pergament hochziehen und vor dem Verschließen die Filets mit Orangensaft und Weißwein beträufeln. Die Päckchen gut verschließen.

DG: Bei 95° C 18 Minuten dämpfen.
Kombi-DG: Bei 160° C Kombidampf 10 Minuten garen.

Währenddessen die vorbereiteten Gnocchi in einer Pfanne leicht anrösten und mit dem Pesto vermischen.

Schritt 11
Den Fisch mit den Früchten anrichten. Die Gnocchi dazureichen.

Red Snapper mit Papaya im Pergament, dazu Pestognocchi

Erdbeer-Nuss-törtchen

3 Eier
50 g Zucker
50 g Haselnüsse, gerieben
30 g Semmelbrösel
1 TL Rum
Backpapier

Creme
200 g Erdbeeren
50 g Staubzucker
10 g Vanillezucker
150 g Topfen
100 g Mascarpone

Schritt 1
Die Semmelbrösel mit dem Rum vermengen.

Schritt 2
Den DG auf 100° C bzw. den Kombi-DG auf 180° C Kombidampf vorheizen.

Schritt 3
Die Eier trennen und das Eiklar mit dem Zucker sehr steif schlagen. Nun die Eidotter langsam einrühren und zum Schluss die Semmelbrösel und die geriebenen Nüsse untermischen. Die Masse auf ein mit Backpapier ausgelegtes, ungelochtes Garblech aufstreichen.

DG: Bei 100° C 18 Minuten dämpfen.

Kombi-DG: Bei 180° C Kombidampf 10 Minuten backen.

Schritt 4
100 g Erdbeeren mit dem Stabmixer mixen, Staubzucker und Vanillezucker unterrühren. Den Mascarpone mit dem Handmixer aufschlagen, dann den Topfen sowie das Erdbeerpüree unterrühren.

Schritt 5
Vom ausgekühlten Nussbiskuit Kreise (ca. 5 cm Ø) ausstechen und mit der Erdbeercreme zu einem Turm zusammensetzen. Den Abschluss bilden die Creme und frische Erdbeeren als Dekoration.

Erdbeer-Nusstörtchen

Fleisch und Fisch

SCHNELLFRISCHSCHLANK

Fleisch und Fisch sind ein wichtiger Bestandteil unserer Ernährung und wollen sorgfältig ausgewählt und zubereitet werden. Besonders aus biologischer Zucht sind sie durch ihren Eiweißgehalt wertvolle Energielieferanten. Fleisch und Fisch sollten übrigens um die Mittagszeit verzehrt werden, um den Körper vor Ermüdung zu schützen. So genossen machen sie munter und leistungsfähig. Dieses Kapitel bietet eine bunte Auswahl, denn Geschmäcker sind bekanntlich verschieden. Erwarten Sie eine kulinarische Überraschung!

Schweinsbraten mit Kruste

1,2 kg Vorderes Karree (Schweinenacken) mit Schwarte
2 Zwiebeln
3 Knoblauchzehen
2 EL Schweineschmalz
2 Lorbeerblätter
Majoran, Thymian, Brotgewürz oder Kümmel
Salz, Pfeffer

Zum Bestreichen
2 EL Wasser
½ TL Salz

Sauce
250 ml Gemüsebrühe (oder Wasser)
1 EL Stärkemehl
1 EL gekörnte Gemüsebrühe

Den DG bzw. Kombi-DG auf 100° C vorheizen.

Für die Gewürzmischung die Zutaten zu gleichen Teilen miteinander vermengen. Die Zwiebeln abziehen und in Scheiben schneiden. Den Knoblauch abziehen und fein hacken.

Den Schweinsbraten mit der Gewürzmischung und dem Knoblauch einreiben. Die Zwiebelringe auf ein ungelochtes Garblech geben, das Schweineschmalz dazugeben, und das Fleisch mit der Schwarte nach unten auflegen. Die Lorbeerblätter auf das Fleisch legen.

Bei 100° C 20 Minuten dämpfen, dann den Braten wenden und mit einem scharfen Messer die Schwarte rautenartig einschneiden. (Achtung: Nicht in die darunterliegende Fettschicht schneiden.)

DG: Bei 100° C weitere 70 Minuten dämpfen.
In der Zwischenzeit das Backrohr, mit Oberhitze oder Grillfunktion, auf höchster Stufe vorheizen.
Den Schweinsbraten aus dem DG nehmen, die Kruste mit dem Salzwasser bestreichen und den Braten im Backrohr in ca. 10–15 Minuten knusprig werden lassen. Immer wieder einen Blick darauf werfen, damit die Schwarte nicht verbrennt.

Kombi-DG: Bei 180° C Kombidampf ca. 60 Minuten braten (mit Kombidampf kann der Braten nicht austrocknen). Dann das Gerät auf 230° C trockene Hitze einstellen, die Kruste mit dem Salzwasser bestreichen und den Braten in weiteren 10–15 Minuten knusprig werden lassen.

Den Braten vom Garblech nehmen und warm stellen.

Nun für die Bratensauce den Bratensatz mit der Gemüsebrühe lösen und in einen Topf umfüllen. Gekörnte Gemüsebrühe dazugeben, ein Mal aufkochen lassen und mit dem in etwas Wasser aufgelösten Stärkemehl binden.

Tipp

- Durch das Dämpfen weichen die Zellwände und Fasern des Fleisches auf, das Eiweiß gerinnt und die Stärke quillt. Der permanente Dampf bewirkt die Denaturierung von Eiweiß, sodass kein Fleischsaft austreten kann und der Braten innen schön saftig bleibt.
- Durch das Bestreichen mit Salzwasser wird der Schwarte Feuchtigkeit entzogen. Nur so kann sich eine schön krosse Kruste bilden.

Schweinsbraten mit Kruste

Weidelammrücken aus dem Heuaroma auf Gemüsemelange

800 g Lammrücken mit Knochen
Salz, bunter Pfeffer
300 g Bio-Heu*
100 ml Schlagobers
1 EL Stärkemehl

100 g Jungzwiebel
100 g roter Paprika
50 g Erbsen
50 g Grüne Bohnen
50 g Zuckermais
1 EL Butter, flüssig
Salz, Schabzigerklee

Den DG bzw. Kombi-DG auf 100° C vorheizen.

Grüne Bohnen putzen, halbieren und bei 100° C 20 Minuten dämpfen, danach sofort kalt abschrecken.

Jungzwiebel und Paprika grob schneiden und mit den Erbsen, Grünen Bohnen und dem Zuckermais vermengen. Mit der flüssigen Butter, Salz und Schabzigerklee würzen. Das Gemüse auf ein ungelochtes Garblech geben.

Den Lammrücken sorgfältig vom Knochen befreien oder schon vom Fleischhauer auslösen lassen. Die Knochen in kleine Teile hacken (lassen). Vom Lammrücken das Silberhäutchen abziehen. Die Parüren, also Knochen und Silberhäutchen, in einen ungelochten Garbehälter geben.

Den Lammrücken mit Salz und Pfeffer würzen. Das Bio-Heu auf ein gelochtes Garblech geben.

Nun den ungelochten Garbehälter mit den Parüren in den untersten Einschub geben, das gelochte Garblech mit dem Heu in den mittleren Einschub. Das Fleisch auf den Gitterrost legen.

Zur Heuaromaherstellung die Parüren und das Bio-Heu bei 100° C 8 Minuten vordämpfen. Danach das Fleisch auf dem Gitterrost über dem Bio-Heu platzieren.

Auf diese Art verteilt sich das Heuaroma im gesamten Garraum und das Fleisch kann, noch bevor das Eiweiß denaturiert, das Aroma aufnehmen. Gleichzeitig gelangen die Aromastoffe des Heus (gelochtes Garblech) aber auch auf die Garschale mit den Parüren. So entsteht ein würziger Bratensaft.

Nun das Fleisch 8 Minuten bei 100° C dämpfen.

DG: Auf 80° C zurückschalten und weitere 15–20 Minuten bis zu einer Kerntemperatur von 56° C dämpfen.
Kombi-DG: Auf 80° C Kombidampf einstellen und weitere ca. 15 Minuten bis zu einer Kerntemperatur von 56° C garen.
Am besten kontrolliert man den Bratfortschritt mithilfe eines Bratenthermometers.
Danach das Fleisch in Alufolie wickeln und rasten lassen.

DG bzw. Kombi-DG erneut auf 100°C bringen und das vorbereitete Gemüse einschieben. 5 Minuten dämpfen.

Den entstandenen Lamm-Heufond vom Garbehälter durch ein Sieb in einen Topf gießen und ein Mal aufkochen lassen. Das Stärkemehl mit dem Schlagobers verrühren und den Fond damit binden.

Den Lammrücken auswickeln und in schräge Scheiben schneiden. Das Gemüse auf Teller platzieren, das Fleisch dazu anrichten und mit dem Fond umgießen.

Je nach Höhe der Alm und Region sind meist folgende Kräuter in gutem Bio-Heu enthalten und ergeben ein einzigartiges Aroma: Arnika, Gänsefingerkraut, Johanniskraut, Labkraut, Schafgarbe, Kornblume. Erhältlich ist es unter anderem im Kleintierhandel.

Weidelammrücken aus dem Heuaroma auf Gemüsemelange

Lammspieß in geschältem Hanf

Den DG auf 100° C bzw. den Kombi-DG auf 180° C Kombidampf vorheizen.

Den Lammschlögel in gleichmäßige Würfel (2 x 2 cm) schneiden. Zwiebel und Knoblauch abziehen und fein hacken. Alles mit der Sojasauce, Apfelessig, Hanföl und Sambal Oelek vermengen und die Lammfleischwürfel darin über Nacht marinieren.

Am nächsten Tag die Fleischwürfel aus der Marinade nehmen, diese etwas abstreifen und das Fleisch auf Holzspieße stecken. Dann in Mehl, Ei und Hanfkörnern wenden. Die „panierten" Spieße auf ein ungelochtes Garblech legen.

DG: Bei 100° C 25 Minuten dämpfen.

Kombi-DG: Bei 180° C Kombidampf 15 Minuten garen.

Als Beilage passen z. B. die gebackenen Kartoffelwürfel, siehe Seite 91.

800 g Lammschlögel, ausgelöst
8 Holzspieße
1 Zwiebel
2 Knoblauchzehen
1 EL Sojasauce
1 EL Apfelessig
½ TL Sambal Oelek
1 TL Hanföl
1 EL Mehl
1 Ei
2 EL Hanfkörner geschält, geröstet
(oder Sesam- bzw. Kokosflocken)

Lammspieß in geschältem Hanf

Medaillons vom Schweinefilet mit Pinienkernkruste auf Gemüse

600 g Schweinefilet
100 g Pinienkerne, fein gehackt
1 EL Senf (mittelscharf)
1 EL Olivenöl
1 EL Stärkemehl

100 g Karotten
100 g Gelbe Rüben
100 g Zucchini
100 g Sellerie
100 g Jungzwiebel
1 Knoblauchzehe, gehackt
Salz, Schabzigerklee

Den DG bzw. Kombi-DG auf 100° C vorheizen.

Karotten, Gelbe Rüben und Sellerie schälen und gemeinsam mit dem Zucchini auf einem Juliennehobel in Streifen hobeln. Von den Jungzwiebeln das Grün und den Bart abschneiden. Jungzwiebeln vierteln.

Das Gemüse mischen und mit Knoblauch, Salz und Schabzigerklee würzen, dann auf ein gelochtes Garblech geben.

Das Schweinefilet in 12 gleichmäßige Medaillons schneiden, mit der Hand etwas flachdrücken. Die Medaillons einseitig zuerst mit dem Senf bestreichen, dann in die fein gehackten Pinienkerne drücken.

Ein ungelochtes Garblech mit dem Öl bestreichen und die Medaillons mit der „panierten" Seite nach oben darauflegen.

DG: Das Fleisch gleichzeitig mit dem Gemüse bei 100° C 8 Minuten dämpfen. Dabei das Gemüse in den mittleren Einschub und das Fleisch in den unteren Einschub geben.

Kombi-DG: Das Gemüse bei 100° C 8 Minuten dämpfen und die Medaillons während der letzten 2 Minuten zum Gemüse geben.
Das Gemüse herausnehmen, das Gerät auf 180° C trockene Hitze einstellen und die Medaillons mithilfe des eingebauten Kerntemperaturfühlers fertig garen (64° C Kerntemperatur).

Niedrigtemperaturgaren: Das Gemüse bei 100° C 8 Minuten dämpfen und die Medaillons während der letzten 2 Minuten zum Gemüse geben.
Das Gemüse herausnehmen, das Gerät auf 80° C trockene Hitze umschalten und die Medaillons in 20 Minuten fertig garen (64° C Kerntemperatur).

Den entstandenen Fleischsaft in einen Topf gießen, erwärmen und mit dem in Wasser angerührten Stärkemehl binden.

Die Medaillons auf dem Gemüse anrichten, mit der Sauce umgießen.

Medaillons vom Schweinefilet mit Pinienkernkruste auf Gemüse

Bachsaibling auf Alpin-Minestrone

Die Rollgerste 8 Stunden in reichlich Wasser einweichen, dann abgießen.

Den DG bzw. Kombi-DG auf 95° C vorheizen.

Karotten, Gelbe Rüben und Sellerie schälen, Zwiebel abziehen und alles in kleine Würfel schneiden. Den Lauch waschen und in feine Ringe schneiden. Den Knoblauch abziehen und in feine Scheiben schneiden.

Alles gemeinsam mit der Rollgerste und dem Lorbeerblatt in einen ungelochten Garbehälter geben und mit der Gemüsebrühe auffüllen. Mit Salz und Pfeffer würzen. Im DG bzw. Kombi-DG bei 95° C 12 Minuten dämpfen.

Danach die gewaschenen Saiblingsfilets nur leicht salzen, auf die Minestrone legen und mit Petersilie, Liebstöckel, Majoran und Schabzigerklee würzen. Bei 95° C weitere 8 Minuten dämpfen.

Die Minestrone nochmals abschmecken und servieren.
Dazu passt frisches Dinkelbrot.

4 Bachsaiblingsfilets
100 g Rollgerste
100 g Karotten
100 g Gelbe Rüben
100 g Sellerie
100 g Zwiebel
100 g Lauch
2 Knoblauchzehen
1 Lorbeerblatt
600 ml Gemüsebrühe (oder Wasser)
je 1 Zweig Petersilie, Liebstöckel, Majoran
½ TL Schabzigerklee
Salz, Pfeffer

Bachsaibling auf Alpin-Minestrone

Süße Seelenküsse

SÜSSESEELENKÜSSE

Was wäre ein feines Essen ohne süßen Abschluss? Eine solche kleine Gaumenfreude kann wohl niemand ausschlagen! Die Entscheidung ist nicht leicht, dafür aber die Art der Desserts – von süßen Aufläufen mit Topfen oder Früchten bis hin zu cremigen Freuden mit Schokolade ist für jede „Seele" etwas dabei. Das Beste kommt immer zum Schluss: Viel Freude damit!

Bananensoufflé

400 g Bananen
4 Eier
80 g Butter
40 g Staubzucker
2 Zitronen (Saft)
1 cl Rum
2 g Vanillezucker
50 g Hanfsamen, geschält und geröstet (oder Mandelsplitter)
1 EL Stärkemehl
90 g Zucker

2 EL flüssige Butter und Kristallzucker

Den DG auf 90° C vorheizen.

Den Kombi-DG auf 180° C Kombidampf vorheizen.

Souffléförmchen mit flüssiger Butter ausstreichen und mit Zucker ausstreuen. Die Eier trennen, die Butter mit Staubzucker schaumig rühren, die Eidotter einzeln dazugeben. Bananen pürieren, mit Zitronensaft, Rum, Vanillezucker, Hanfkörnern und Stärkemehl verrühren und unter die Eidottermasse mengen. Eiklar mit Zucker zu Schnee schlagen und unterheben.

Die Förmchen zu zwei Dritteln mit der Soufflémasse befüllen und auf ein ungelochtes Garblech stellen.

DG: Förmchen mit Alufolie zudecken und bei 90° C 25 Minuten dämpfen.
Kombi-DG: Förmchen (nicht zugedeckt) bei 180° C Kombidampf 20 Minuten garen.

Zum Servieren aus den Förmchen stürzen und noch warm servieren.

Bananensoufflé

Marillentiramisu im Glas

500 g Mascarpone
250 g Marillen
200 g Biskotten
100 g Kristallzucker
100 ml Schlagobers
100 ml Kaffee, kalt
30 g Staubzucker
3 cl Marillenlikör
Kakao zum Bestreuen

Den DG bzw. Kombi-DG auf 100° C vorheizen.

Die Marillen entkernen, mit der Schnittfläche in den Staubzucker tauchen und auf ein ungelochtes Garblech legen. Bei 100° C 12 Minuten dämpfen.

50 g Kristallzucker in einem Topf erhitzen, bis er karamellisiert, die halbe Menge der gedämpften Marillen dazugeben, mit dem Marillenlikör ablöschen.

Das Schlagobers aufschlagen und kühl stellen. Den Mascarpone mit dem restlichen Zucker aufschlagen und mit dem geschlagenen Obers vermengen. Diese Creme in einen Spritzsack füllen.

Ein Whiskey- oder Weinglas erst mit etwas Creme füllen, die Biskotten in Kaffee tränken und auflegen. Nun das Marillenmus darübergeben.

Diesen Vorgang zwei Mal wiederholen. Die letzte Schicht mit Kakao bestreuen und die übrigen gedämpften Marillen auf die Gläser aufteilen.

Marillentiramisu im Glas

Topfenauflauf mit Rosinen

Den DG auf 100° C vorheizen.

Den Kombi-DG auf 180° C Kombidampf vorheizen.

4 Dariolformen oder Bügelgläser mit flüssiger Butter ausstreichen.

Die Rosinen in Rum einweichen. Die Butter mit dem Zitronensaft, der Orangenschale und dem Zucker schaumig rühren.

In einem zweiten Gefäß den Marzipan grob aufraspeln und mit den Eidottern und dem Topfen zu einer homogenen Masse verrühren.

Rosinen auf ein Sieb geben und den Rum abtropfen lassen. Anschließend die Rosinen in Mehl wenden und mit den Weißbrotbröseln und der Topfenmasse zum Butterabtrieb geben. Die Masse 30 Minuten ruhen lassen, dann in die Formen füllen. Diese auf ein ungelochtes Garblech stellen.

DG: Mit Alufolie zudecken und bei 100° C 45 Minuten dämpfen.

Kombi-DG: Nicht zugedeckt bei 180° C Kombidampf 30–35 Minuten garen.

Den Auflauf aus den Formen stürzen (oder in den dekorativen Gläsern belassen) und noch warm servieren.

400 g Cremetopfen
150 g Rosinen
100 g Butter, zimmerwarm
80 g Weißbrotbrösel
50 g Zucker
40 g Marzipanrohmasse
2 cl Rum
3 Eidotter
1 Orange (Schale)
½ Zitrone (Saft)
10 g Dinkelmehl
2 EL flüssige Butter für die Formen

Topfenauflauf mit Rosinen

Polentatarte mit Kirschen

Den DG bzw. Kombi-DG auf 100° C vorheizen.

Den Maisgrieß mit der Milch, dem Salz und dem ausgekratzten Vanillemark in einen ungelochten Garbehälter geben. Bei 100° C im DG bzw. Kombi-DG 15 Minuten dämpfen.

Danach die gedämpfte Polenta mit dem Sauerrahm vermengen und in eine befettete Tarteform drücken.

Den Kombi-DG auf 220° C trockene Hitze aufheizen.

Die Eier mit Staubzucker, Crème fraîche, Milch, etwas Zimt, Kirschwasser und Puddingpulver gut verrühren.

Die entsteinten Kirschen auf den Polentaboden geben und mit der Eiermasse übergießen.

DG: Bei 100° C 45 Minuten dämpfen.

Kombi-DG: Bei 220° C trockene Hitze 25 Minuten backen.

Für eine Form mit 24 oder 26 cm Ø

200 g Maisgrieß
400 ml Milch
½ Vanilleschote
Salz
1 EL Sauerrahm
2 EL Butter für die Form

500 g Kirschen, entsteint
4 Eier
100 g Staubzucker
100 g Crème fraîche
250 ml Milch
1 Prise Zimt, gemahlen
4 cl Kirschwasser
80 g Vanillepuddingpulver

Polentatarte mit Kirschen

Birnenstrudel mit Blätterteig

2 Pkg. Blätterteig (à 270 g)
750 g Birnen
80 g Semmelbrösel
60 g Kristallzucker
50 g Rosinen
50 g Walnüsse, gerieben
1 Zitrone (Saft)
3 EL Rum
3 EL Vanillezucker
1 EL Zimt, gemahlen
1 Prise Salz
2 Eidotter, verschlagen

Die Rosinen mit dem Rum vermischen und 10 Minuten ziehen lassen.

Die Birnen schälen, das Kerngehäuse ausstechen, in Scheiben schneiden. Die Birnenscheiben sofort mit Zitronensaft beträufeln, mit den Rumrosinen sowie mit Zucker, Vanillezucker, Nüssen, Zimt und Salz verrühren und ca. 30 Minuten ziehen lassen.

Den DG auf 100° C vorheizen. Das Backrohr auf 180° C Umluft vorheizen. Den Kombi-DG auf 160° C Kombidampf vorheizen.

Einen Blätterteig auf ein Küchentuch legen, die Semmelbrösel auf das untere Drittel aufstreuen und die Birnenmasse gleichmäßig darauf verteilen. Seitlich einklappen und zu einem Strudel einrollen.

Mithilfe des Küchentuchs auf ein ungelochtes Garblech heben und mit dem zweiten Strudel ebenso verfahren.

Die Strudel mit verschlagenem Eidotter bestreichen.

DG: Bei 100° C 15 Minuten aufgehen lassen. Herausnehmen und im Backrohr bei 180° in 20 Minuten fertig backen.

Kombi-DG: Bei 160° C Kombidampf 15 Minuten backen, dann bei 160° C trockene Hitze in weiteren 20 Minuten fertig backen.

Birnenstrudel mit Blätterteig

Rhabarber-Mascarpone-Trifle

4 Eier
1 Prise Salz
50 g Zucker
50 g Mehl
Backpapier

350 g Rhabarber
300 ml Wasser
50 g Zucker
1 Pkg. Vanillezucker
1 Zimtstange
2 TL Speisestärke
3 cl Himbeergeist
250 g Mascarpone
1 EL Honig
1 Orange (Schale)
50 g Staubzucker
50 ml Schlagobers

Den DG auf 100° C vorheizen. Das Backrohr auf 180° C vorheizen.

Den Kombi-DG auf 180° C trockene Hitze vorheizen.

Den Rhabarber waschen und geschält in grobe Stücke schneiden. Das Wasser in einen ungelochten Garbehälter geben, Rhabarber, Zucker, Vanillezucker sowie die Zimtstange zufügen und im DG bzw. Kombi-DG bei 100° C 15 Minuten dämpfen, so lange jedenfalls, bis der Rhabarber zerfällt.

Nun die Speisestärke mit etwas Wasser verrühren, die Zimtstange entfernen und den Rhabarberbrei damit binden, den Himbeergeist einrühren. Kalt stellen.

Danach ein Backblech mit Backpapier vorbereiten.

Die Eier trennen und die Eiklar mit dem Salz steif schlagen. Eidotter mit dem Zucker aufschlagen und das Mehl mit dem Eischnee unterheben. Den Teig auf das Backpapier streichen.

Backrohr: Bei 180° C 10 Minuten backen.
Kombi-DG: Bei 180° C trockene Hitze backen.

Danach das Biskuit auf ein Küchentuch stürzen und das Papier abziehen.

Nun aus dem Biskuit Kreise (Durchmesser entsprechend dem später verwendeten Glas) ausstechen.

Für die Creme den Mascarpone mit Honig, Orangenschale und Staubzucker glatt rühren. Das Schlagobers steif schlagen und unterheben.

Nun in die Gläser jeweils einen Biskuitboden legen, etwas Mascarponecreme einfüllen und darauf etwas Rhabarberragout verteilen. Das Ganze wiederholen, bis alle Zutaten verbraucht sind.

Schokosoufflé mit flüssigem Kern

Den DG bzw. Kombi-DG auf 100° C vorheizen.

Die Bitterschokolade in einen ungelochten Garbehälter geben, mit Klarsichtfolie zudecken und bei 100° C 6 Minuten schmelzen lassen.

Inzwischen 4 Souffléformen (oder Kaffeetassen) mit der flüssigen Butter ausstreichen und mit den Bröseln ausstreuen.

Den Kombi-DG auf 200° C Kombidampf aufheizen.

Die geschmolzene Schokolade mit Eidotter, Orangenschale und der weichen Butter vermengen. Eiklar zu Schnee schlagen und gemeinsam mit dem Zucker unter die Schokoladenmasse rühren.

Nun die Masse in die Souffléformen einfüllen und in die Mitte eine Nougatpraline setzen.

DG: Bei 100° C 25 Minuten dämpfen.

Kombi-DG: Bei 200° C Kombidampf 15–18 Minuten garen.

Danach stürzen und mit Staubzucker bestreut servieren.

Tipp

Dieses Dessert eignet sich ausgezeichnet zum Vorbereiten. Dazu kann man die Soufflés vor dem Garen bis zu 24 Stunden tiefkühlen und bei Bedarf fertig stellen. Die Garzeit verlängert sich dann um 10 Minuten.

- 100 g Bitterschokolade
- 2 Eidotter
- 1 EL Butter, zimmerwarm
- ½ Orange (Schale)
- 4 Eiklar
- 30 g Zucker
- 4 Nougatpralinen
- 20 g Staubzucker zum Bestreuen

Für die Förmchen

- 30 g Butter, flüssig
- 40 g Kuchenbrösel (Semmelbrösel)

A

B

C

D

E

F

G

H

J

K

L

M

P

Q

R

S

T

W

Z

Nicht zuletzt DANKE

Unsere Dankbarkeit für das nunmehr dritte Werk, auf welches wir mit Stolz blicken, gilt unseren Unterstützern, die uns bereits lange Zeit begleiten:

Vorneweg unseren Ehepartnern, Mario Kuttnig und Annelies Pinteritsch. Beim dritten Buch „coachen" die beiden uns schon sehr professionell ... Danke für die Zeit, die ihr Euch nehmt, und die ehrlichen Einschätzungen unserer Kostproben!

Unserer Lektorin, Mag. Nicole Richter, die immer mit viel Geduld und Diplomatie unsere Geschicke vereint. Danke für Dein freundschaftliches und wohlwollendes Zutun!

Dankbarkeit empfinden wir auch gegenüber unserem Fotografenteam Jost & Bayer. Durch die beiden wird unser Buch erst richtig lebendig. Danke für die wieder äußerst appetitanregenden Fotos und Euren persönlichen Einsatz.

Danke auch an Siemens, insbesondere an Markus Ettenauer, für die unproblematische und sympathische Abwicklung.

Zu würdigen ist auch Kika Klagenfurt, im Besonderen Alfredo Sekoll! Danke für die Leihgaben an benötigten Küchenutensilien und Ihr immer offenes Ohr.

Nicht zuletzt gilt unser Dank der Kleinen Zeitung, im Speziellen MMag. Michael Kummerer, für die Ankündigungsbegleitung bei unseren Präsentationen.

kika

KLEINE ZEITUNG
www.kleinezeitung.at